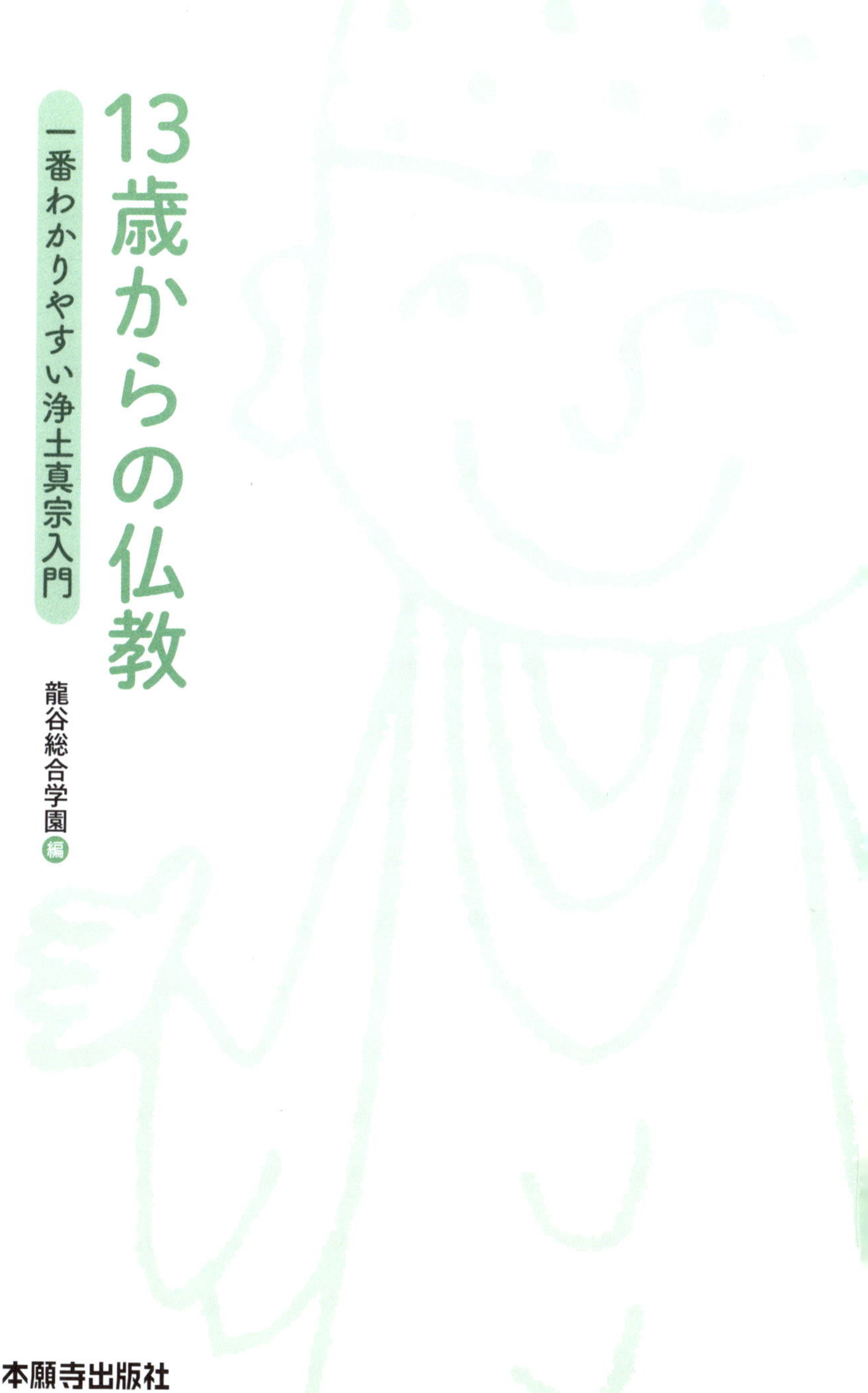

13歳からの仏教

一番わかりやすい浄土真宗入門

龍谷総合学園 編

本願寺出版社

はじめに——なぜ、今「仏教」なのか

子どもだからといって、悩《なや》みがないわけではありません。大人だからといって、悩みの解決方法がわかっているわけでもありません。昔の人は悩みがなく、今の人は悩みが多いわけでもありません。子どもも大人も、昔も今も、みんな悩みを抱《かか》えて生きています。

今から約二千五百年前、インドで誕生し、人生に悩み、苦悩《くのう》の原因を見極《みきわ》め、その苦悩を乗り越《のこ》える方法を体得し、広くみんなに説いてくださった方がいます。それがお釈迦《しゃか》さまなのです。

私たちは、常に自己中心の心から離《はな》れられず、自分を中心に、「いい・悪い」「好き・嫌《きら》い」と判断し、自分にとって都合のいいものをむさぼり求め、自分にとって都合の悪いものに腹を立てます。そうやって、すべてのものを分け隔《わへだ》てし、傷つけて生きているのです。また、逆にまわりからは分け隔てされ、傷つけられているのです。そのように、自己中心の心から離れられず、勝手な判断をし、お互《たが》い傷つけ合っている状態を、真実が見えていないということで「迷い」といいます。つまり、私たちは、迷いの人生を生きているのです。もっといえば、迷っていることさえも気づかずに生きているのです。だからこそ、今、本当の宗教、仏教・浄土《じょうど》真宗に出あってほしいのです。

自己中心の心（煩悩《ぼんのう》）を滅《めっ》し、真実に目覚めていく教えが、本当の仏教です。しかし、そう簡単に自己中心の心から離れることはできません。そのような私たちに、自己中心の心を抱えたままで、仏（真実に目覚めた者）の教えに導かれながら生きていく道があるということを教えてくださったのが親鸞《しんらん》聖人《しょうにん》であり、その教えが浄土真宗なのです。

これから述べる仏教・浄土真宗が、皆さんの生きる依《よ》りどころになることを願っています。

13歳からの仏教

—目 次—

第1章

仏教はお釈迦さまの教え まずはお釈迦さまについて知ろう

【第1節】君はお釈迦さまを知っているか?

【第2節】しあわせに生きるヒントは仏教の中にある

第2章

浄土真宗を知るために親鸞聖人を知ろう

【第1節】何のために生きるのか考えたこと、ある？
——親鸞聖人の人生①

【第3節】浄土を目指して生きよう
——阿弥陀さまの教えとともに

付録

浄土真宗の1年を体験してみよう

ブックデザイン●印牧真和
イラスト●内田コーイチロウ

第 1 章

仏教は
お釈迦さまの教え
まずはお釈迦さまに
ついて知ろう

世界には多くの宗教があります。その中で、国家・民族を超《こ》えて世界で広く信仰《しんこう》されている宗教を、世界宗教といいます。現在、世界宗教としては仏教、キリスト教、イスラム教（イスラーム）の三つがあげられ、これを三大宗教と呼んでいます。

仏教は、紀元前五世紀頃《ごろ》、インドで、ゴータマ・シッダッタ（お釈迦《しゃか》さま）によって開かれました。シッダッタは、真実（縁起《えんぎ》の法）に目覚め、人生の根本問題の解決の道を説かれました。

キリスト教は、紀元一世紀の初めに、古代ローマの支配下にあったユダヤ（パレスチナ）で、イエス・キリストによって開かれました。悔《く》い改《あらた》めれば罪ある者も救う愛の神への信仰が説かれました。

イスラム教は、紀元七世紀の初めに、アラビアで、ムハンマドによって開かれました。唯一《ゆいいつ》絶対の神アッラーへの絶対**帰依**《きえ》（依《よ》りどころにすること）を根本として、一日五回の礼拝《れいはい》、ラマダン月の断食《だんじき》などを信者の義務としています。

世界の多くの人びとが、これらの宗教によって救われていったという事実があります。世界宗教は、それぞれみなすばらしい教えです。ただ、長い歴史の中で、人間の都合のいいように宗教を解釈《かいしゃく》し利用する人たちが出るなど、問題がないわけではありません。しかし、問題は宗教にあるのではなく、宗教を利用する人間にあるのです。宗教を学ぶ時は、自分勝手な先入観を捨て、その教えを正しく学ぶことが大切です。

本書では、三大宗教の中の、仏教について取り上げます。お釈迦さまは三十五歳《さい》で真実に目覚められ（さとりを開かれ）、仏さま（真実に目覚めた者）に成られました。よって、お釈迦さまの開かれた教えのことを、仏さまの教えという意味で、仏教といいます。さらに仏教は、その教えを聞いた人も真実に目覚めるので、仏さまに成る教えでもあります。自分が仏さまに成るってどういうことか、考えながら読んでみてください。

第1節 君はお釈迦さまを知っているか？

1 生まれたとたんに7歩もあるいた!?

今から約二千五百年前、インドの北方（現在のネパール）に、釈迦族と呼ばれる種族が、カピラ城を中心に小さな国をつくっていました。国王はスッドーダナ（浄飯《じょうぼん》）王、妃《きさき》はマーヤー（摩耶《まや》）夫人《ぶにん》といいました。

マーヤー夫人は出産のために、自分の生まれた国へ

スッドーダナ王

マーヤー夫人

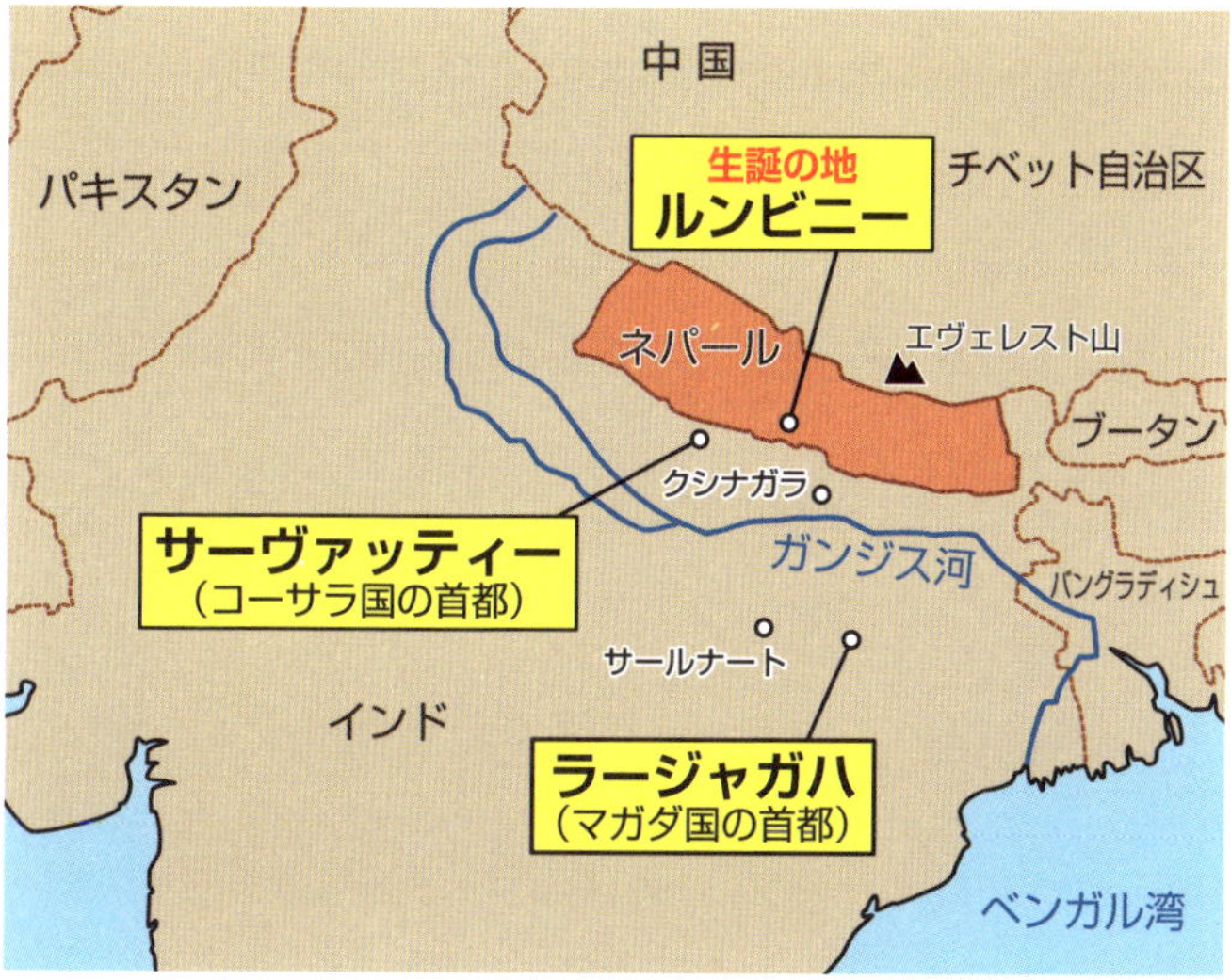

里帰りする途中《とちゅう》、①ルンビニーの花《はな》園《その》で休憩《きゅうけい》されました。そして、マーヤー夫人がアショーカ（無憂樹《むゆうじゅ》）の枝に手を伸《の》ばされた時、すばらしい王子が誕生されたと伝えられています。時は、四月八日のことであったといわれています。この王子はシッダッタと名づけられました。

シッダッタ太子は、後にさとりを開いて仏陀（ブッダ）となられたので、「釈尊《しゃくそん》（釈迦族出身の尊《とうと》い方）」とか「お釈迦さま」と呼ばれるようになりました。

②仏伝によると、お釈迦さまは生まれるとすぐに七歩あるいて、右手で天を、左手で地を指さし、「天上天下《てんじょうてんげ》　唯我独尊《ゆいがどくそん》（天にも地にも　ただ我ひとり尊し）」と、高らかに叫《さけ》ばれました。その時、天は感動して③甘露の雨を降らせたといいます。

「七歩あるいた」ということは、迷いの世界である六道《ろくどう》を超えたということを表します。生まれてすぐに迷いを超えてさとりを開かれたわけではありませんが、後にさとりを開いて仏陀に成られたということを、誕生の所に引き寄せて表しているのです。

また、「天上天下　唯我独尊」という言葉は、決して「他人と比べて、この世の中で自分が一番尊い」という傲慢《ごうまん》な意味ではなく、「私のいのちは、天にも地にも、この世の中にたった一つしかない、かけがえのない尊いいのちである」という意味であり、すべてのいのちの尊さを教えてくれる大切な教えの一つなのです。

六道（迷いの世界）

・地獄《じごく》：苦しみの極《きわ》まった世界
・餓鬼《がき》：飢《う》え渇《かわ》きに苦しんでいる世界
・畜生《ちくしょう》：恥《はじ》を知らない世界
・修羅《しゅら》（阿修羅《あしゅら》）：争いの世界
・人間（人）：④煩悩にふりまわされている世界
・天上（天）：かぎられた喜びの世界

＊六道は、死後に行く世界だと説かれることもありますが、今現在の自分の心や行為《こうい》が、まさに、六道のようなあり方をしているのではないか、ということを考えることが大切です。

＊語句の説明

①ルンビニー：お釈迦さま誕生の地。インドの北方（現在のネパール）。
②仏伝：仏さま（お釈迦さま）の伝記。お釈迦さまの一生が記されたもの。
③甘露《かんろ》の雨：甘《あま》い雨。喜びを表す。
④煩悩《ぼんのう》：身心を煩《わずら》わせ悩《なや》ます心のはたらき。むさぼりの心、怒《いか》りの心、真実が見えない愚《おろ》かな心など。

2 お釈迦さまも悩んだ

お釈迦さまの母マーヤー夫人は、お釈迦さまを出産されて一週間後に亡《な》くなられました。その後、お釈迦さまは、マーヤー夫人の妹であるマハーパジャーパティーによって育てられることになりました。

お釈迦さまは、幼い頃から、国王になるために、学問や武芸を学ばれました。何を学んでも、すぐれた才能を発揮し、まわりの者を驚《おどろ》かせました。一方で、感受性が強く、ものごとを深く考える性格に育っていきました。

ある年の農耕祭でのことです。人びとがくわで畑を耕していた時、掘《ほ》り起《お》こされた土の中から虫が出てきました。その虫を小鳥がついばみ、さらにその小鳥を大きな鳥（タカ）がくわえて飛び去りました。生き物が、互いに命をうばい合う光景を見て、「なぜ生き物は殺し合わなければならないのだろう。互いに助け合って生きていくことができないのだろうか」という疑問に、心を暗くして樹《き》の下に座《すわ》り、もの思いに沈《しず》まれました。このできごとは、「樹下思惟《じゅげしゆい》」として伝わっています。

スッドーダナ王は、お釈迦さまの心をひきたてようと、インドの一年の季節である夏・冬・雨期の三つの季節に合った宮殿《きゅうでん》を与《あた》えました。それらの宮殿では、毎晩若い女性たちのはなやかな音楽と踊《おど》り、さらにぜいたくな食事がふるまわれました。しかしお釈迦さまは、日常生活がはなやかであればあるほど、かえってもの思いに沈みがちな日々を送られました。

そのようなお釈迦さまを心配されたスッドーダナ王は、結婚《けっこん》を勧《すす》められ、お釈迦さまはヤソーダラーと結婚しました。しかし、深くものごとを追究する日々は変わりませんでした。

ヤソーダラー

3 本当のしあわせって何だ？

ある日のこと、お釈迦さまは、気晴らしのためにカピラ城の東の門から出られました。ところが、からだの衰《おとろ》えた老人の姿を見て、「私もやがて、あのように老い衰えていかねばならない」と悩みを抱《かか》えてお城にもどられました。またある日、南の門から出られた時に、病気に苦しむ人の姿を見て、「私もいつか、あのように病気になるかもしれない」と悩みを抱えてお城にもどられました。またある日、西の門から出られた時に、死者を送る悲しい行列を見て、「私もやがて、あのように死んでいかなければならない」と悩みを抱えてお城にもどられました。最後に、北の門から出られた時に、一人の①修行者（出家者《しゅっけ》）の気高《けだか》い姿を見て、お釈迦さまはこの修行者に心をひかれ、出家の決意を強く固められました。これは「四門出遊《しもんしゅつゆう》」として伝えられている話です。

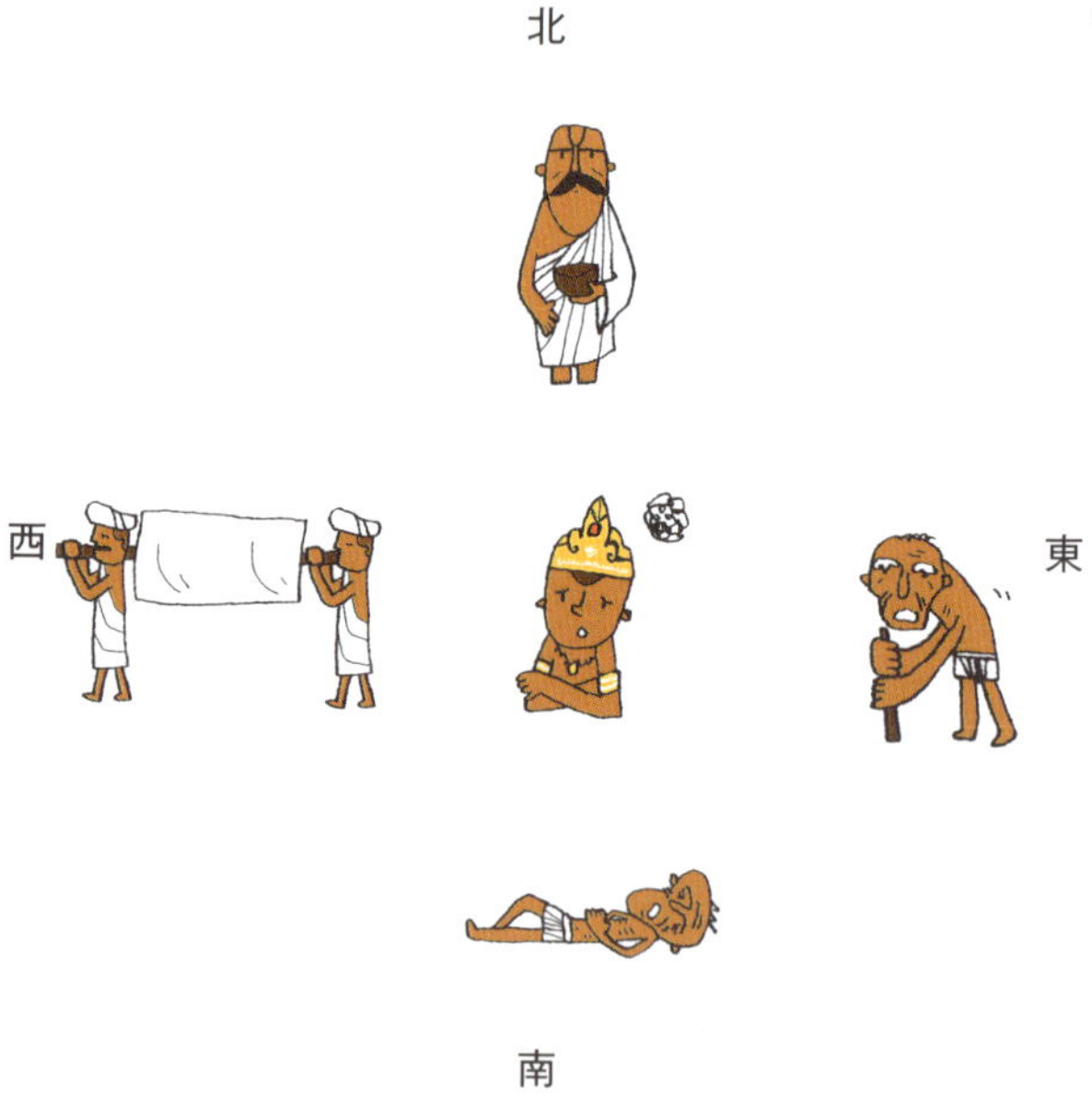

この「四門出遊」は、お釈迦さまが人生の根本苦である四苦（生《しょう》・老《ろう》・病《びょう》・死《し》）を解決するために出家されたということを表しています。当時のインドでは、苦悩《くのう》の解決方法として、出家という道を選ぶ人が多くいました。また、出家修行者の尊い姿に心をひかれたために、お釈迦さまも出家という方法をとられたのだと思われます。人間は、どんなに恵《めぐ》まれた生活をしていたとしても、生まれたからには必ず、年をとり、病気になり、そして死んでいきます。これは、どうあがいてもさけられない事実なのです。この問題を解決しないかぎり、本当のしあわせはないのです。

そんな時、ヤソーダラーとの間に赤ちゃんが生まれました。一説には、お釈迦さまは、「かわいい子どもが生まれた。しかし、出家のさまたげができた」と、つぶやかれたことから、ラーフラ（さまたげ）と名づけられたと伝えられています。お釈迦さまは子どもが嫌《きら》いだったのかとか、かわいくなかったのかとか思う人もいるかもしれませんが、そうではありません。子どもがかわいいからこそ出家のさまたげになるのです。かわいくなければ、子どもを捨てて出家することなど平気でしょうから、子どもは出家のさまたげにはならないでしょう。けれど、ラーフラが生まれた後も、出家への思いは、ますます強くなりました。

ある夜、お釈迦さまは、お付きのチャンナに命じて白馬カンタカを用意させ、ひそかにお城をぬけ出られました。そして、ついに出家をされました。二十九歳の時のことであったと伝えられています。

＊語句の説明

①修行者：真実の道を求めて、瞑想《めいそう》や苦行などの修行をする者。

4 苦行をしたからって、解決するわけじゃない

出家をされたお釈迦さまは、当時のインドの中で最も強大であったマガダ国の首都ラージャガハ（王舎城《おうしゃじょう》。19頁地図参照）に行かれました。そこは、文化の中心地として栄え、多くの修行者が集まっていました。

お釈迦さまは、最初にアーラーラ・カーラーマに教えを受けました。そして、次に、ウッダカ・ラーマプッタに教えを受けました。この二人の教えは、ともに「①瞑想によって心を安定させ、苦悩を離《はな》れる」というもので、お釈迦さまは二人が説く境地まで達しましたが、満足できませんでした。それは、瞑想している間は心の平安が得られても、瞑想を止《や》めると苦悩がよみがえってくるからです。この方法は、苦悩と正面から向かい合って根本的に

解決しようとする道ではなかったのです。

そこで次に、人間を惑《まど》わす欲望は、肉体のはたらきから起こるという考えから、「肉体を苦しめることによって、心の平安を得る」という②苦行の道へと進まれました。お釈迦さまが苦行《くぎょう》に入られる頃には、釈迦族出身の五人の友人が付《つ》き添《そ》っていたようです。

ウルヴェーラー村の林に入られたお釈迦さまは、「難しい苦行をしてみよう」と一粒《つぶ》のゴマや米だけで一日を過ごしたり、一切《いっさい》の食物を断《た》ったりしました。お釈迦さまはやせ衰え、大変な苦しみを味わいました。お釈迦さまは、きびしい修行を六年も続けられましたが、身も心も元気がなくなるばかりで、人生の苦しみの解決は得られないことに気づかれました。

苦行を止める決心をされたお釈迦さまは、ネーランジャラー河（尼連禅《にれんぜん》河《が》）で六年間の苦闘《くとう》の垢《あか》を洗い落とされました。そして、たまたま通りかかった村娘《むらむすめ》スジャーターがささげた乳がゆを食べて元気を取《と》り戻《もど》されました。

しかし、それを見ていた五人の友人たちは、お釈迦さまが③堕落したと思い、その場を立ち去っていきました。

＊語句の説明

①瞑想：目を閉じて心静かに考えること。

②苦行：安らかな心を得るために、食事を止めたりして、肉体を苦しめること。

③堕落《だらく》：真実の道を求める心を失うこと。おちぶれること。

5 煩悩に負けるな！

スジャーターからささげられた乳がゆを食べて、元気を取り戻したお釈迦さまは、「さとりを開くまで、決してこの座を立つまい」と強く心に決めて、①菩提樹の下で瞑想に入られました。

お釈迦さまがさとりを開く時が近づくと、悪魔《あくま》が現れて、瞑想をさまたげようとしたことが伝えられています。悪魔は、娘を使って誘惑《ゆうわく》したり、軍隊によって力ずくで妨害《ぼうがい》しようとしたりしました。しかし、お釈迦さまはどのような悪魔の妨害にも負けることはありませんでした。この悪魔との戦いは、お釈迦さまの心の中の煩悩との戦いを表しています。

そして、瞑想を始めて四十九日目の十二月八日、②あかつきの明星がひときわ輝《かがや》く時、あらゆる悪魔を降伏させ、ついにこの上ないさとりを開かれました。これを、さとりへの道が完成（成就《じょうじゅ》）したということで、「成道《じょうどう》」といいます。

この時、お釈迦さまは三十五歳でした。さとりを開いてお釈迦さまは仏陀《ぶっだ》となられました。仏陀とは、「さとった者」「真実に目覚めた者」という意味です。

お釈迦さまは、さとりを開かれた後、しばらくの間、瞑想を続け、さとりの内容を整理されました。そして、自らさとった内容を人びとに説くべきかどうか迷われました。それは、さとりの内容があまりにも難しいため、自己中心的な考えに凝《こ》り固《かた》まった人びとは理解できないばかりか、かえって混乱をまねくのではないかという心配があったからです。しかし、人びとに伝えることは、真実に目覚めた者にとって、当然のことであると思い直し、説法③を決心されました。

仏陀とは、自らがさとった者であるだけでなく、他をさとらせる者でもあるのです。

ところで、煩悩がなくなり、さとりを得たらどうなるのでしょう。よく、「煩悩がなくなったら何かをしようと思う心が起こらず、ボーッとした人間になる」と勘違《かんちが》いする人がいますが、そうではありません。自己中心の心から離れられず、自分の欲望を満たそうと思う心が、自らを煩わし悩ますので「煩悩」というのであって、自己中心の心を離れたところから出てくる何かをしたいという心は、煩悩ではないのです。自分の好きな人だけを助けたいという思いは煩悩ですが、すべての人を助けたいという思いは煩悩ではないのです。さとった人は、すべての人の喜びをともに喜び、すべての人の悲しみをともに悲しむ、そんな豊かな心を持った人なのです。

＊語句の説明

①菩提樹《ぼだいじゅ》：菩提とは、さとりという意味で、菩提樹とは、さとりの木という意味。もともとピッパラ樹のことだが、お釈迦さまがこの木の下でさとりを開かれたので、菩提樹（さとりの木）と呼ばれるようになった。

②あかつきの明星《みょうじょう》：あかつきとは、現在では夜が明けてやや明るくなった時

のことだが、昔は、夜が明けようとするまだ暗い時のことをいった。明星とは、金星のこと。

③説法《せっぽう》：教えを説くこと。

6 最初の教えは「四諦八正道」……って、何？

説法を決心したお釈迦さまは、以前、ともに修行したことのある五人の旧友たちに教えを説こうと思い、旅立たれました。彼《かれ》らは、ベナレス郊外《こうがい》のサールナート（19頁地図参照）にある①鹿野苑で修行を続けていました。彼らは、苦行を捨てたお釈迦さまを出迎《でむか》えないように約束していましたが、お釈迦さまが近づくと、約束を守ることができませんでした。さとりに達したお釈迦さまの顔や姿はそれほどすばらしかったのです。そして、お釈迦さまの自信と②慈愛に満ちた説法に耳を傾《かたむ》け、ついに五人はお釈迦さまの最初の弟《で》子《し》になりました。このお釈迦さまの最初の説法を、「初転法輪《しょてんぼうりん》」といいます。

お釈迦さまの最初の説法の内容は、「四諦八正道《したいはっしょうどう》」の教えだといわれてい

【四諦八正道】

四諦

苦《く》諦《たい》　集《じっ》諦《たい》　滅《めっ》諦《たい》　道《どう》諦《たい》

苦諦

八苦

四苦
- 生
- 老
- 病
- 死

- 愛別離苦
- 怨憎会苦
- 求不得苦
- 五蘊盛苦

道諦

八正道
- 正見
- 正思惟
- 正語
- 正業
- 正命
- 正精進
- 正念
- 正定

ます。「四諦」とは、「四つの真理」という意味で、具体的には「苦諦《くたい》」「集諦《じったい》」「滅諦《めったい》」「道諦《どうたい》」の四つの真理のことです。

第一の「苦諦」とは、人生は苦であるという真理です。具体的には、四苦《しく》八苦《はっく》があげられます。四苦八苦の四苦とは、生・老・病・死の四つの苦しみのことで、八苦とは、四苦に、愛別離苦《あいべつりく》（愛する者と別れ離れる苦しみ）・怨憎会苦《おんぞうえく》（怨《うら》み憎《にく》む者と会わなければならない苦しみ）・求不得苦《ぐふとっく》（求めても得られない苦しみ）・五蘊盛苦《ごうんじょうく》（思うようにならない心身から生じる苦しみ）の四つを加えたものをいいます。

第二の「集諦」とは、苦しみを招き集める原因は煩悩であるという真理です。苦しみの原因は、外にあるのではなく、自らの煩悩にあるというのです。

第三の「滅諦」とは、苦しみを滅《めっ》した境地が涅槃《ねはん》であるという真理です。

涅槃とは、③サンスクリット語ではニルヴァーナといい、もともと、「吹《ふ》き消《け》された状態」という意味です。つまり、涅槃とは、煩悩の火が吹き消された、さとりの境地のことをいいます。

第四の「道諦」とは、苦を滅して涅槃のさとりに至る方法が八正道であるという真理です。八正道とは、具体的には、「正見《しょうけん》（正しい見方）」「正思惟《しょうしゆい》（正しい思い）」「正語《しょうご》（正しい言葉）」「正業《しょうごう》（正しい行い）」「正命《しょうみょう》（正しい生活）」「正精進《しょうしょうじん》（正しい努力）」「正念《しょうねん》（正しい思いの持続）」「正定《しょうじょう》（正しい精神統一）」です。

以上が四諦八正道の教えですが、これらは、お医者さんが病人を治療《ちりょう》するのに似ているといわれています。

お医者さんは、まず、お腹《なか》が痛いとか頭が痛いとか、病人の現状を把握《はあく》します。これが「苦諦」にあたります。次に、お腹が痛い場合には、お腹を出して寝《ね》ていないか、何か腐《くさ》ったものを食べていないかなど、その原因を探《さぐ》ります。これが「集諦」にあたります。そして、健康な状態を頭にイメージして（これが「滅諦」にあたります）、その健康な状態にするために、お腹を温かくして休みなさいとか、この薬を飲みなさいなど、その方法を示します。これが「道諦」にあたります。

＊語句の説明

①鹿野苑《ろくやおん》：お釈迦さまが初めて説法をされたところ。ベナレス郊外のサールナートにあるミガダーヤのこと。

②慈愛《じあい》：慈《いつく》しみの愛、慈悲《じひ》のこと。仏教では、「愛」といった場合、多くは、渇愛《かつあい》・愛着・愛欲などの欲望のことであり、悪い意味で使われるが、「慈愛」は、いい意味で使われる。

③サンスクリット語：昔のインドの言葉。

7「縁起」って、いい悪いじゃないの？

お釈迦さまの教えを一言でいうと、「縁起《えんぎ》」の教えであるといえます。縁起といえば、縁起がいい・悪いという言葉を思い出す人が多いと思います。これは、仏教の縁起という言葉から生まれたものですが、本来の意味とは全く違《ちが》います。

縁起とは、文字通り、「縁《よ》って起《お》こっていること」という意味です。もう少し詳《くわ》しくいうと、縁起とは、「因縁生起《いんねんしょうき》」を省略したもので、すべてのものは、因縁によって成り立っているということです。

因縁とは、因《いん》と縁《えん》ということで、因とは直接原因、縁とは間接原因のことです。たとえば、花がここに咲《さ》いているとします。これを果（結果）とすると、その種が因です。ただし、種があるだけでは花は咲きません。水・土・光などさまざまな条件がそろわなければ、咲きません。これらが縁です。花は、さまざまな因縁によって、はじめてきれいな花を咲かせているのです。

また、種を果とすると、花（もしくは果実）が因となり、さまざまな環境《かんきょう》や条件などが縁となります。

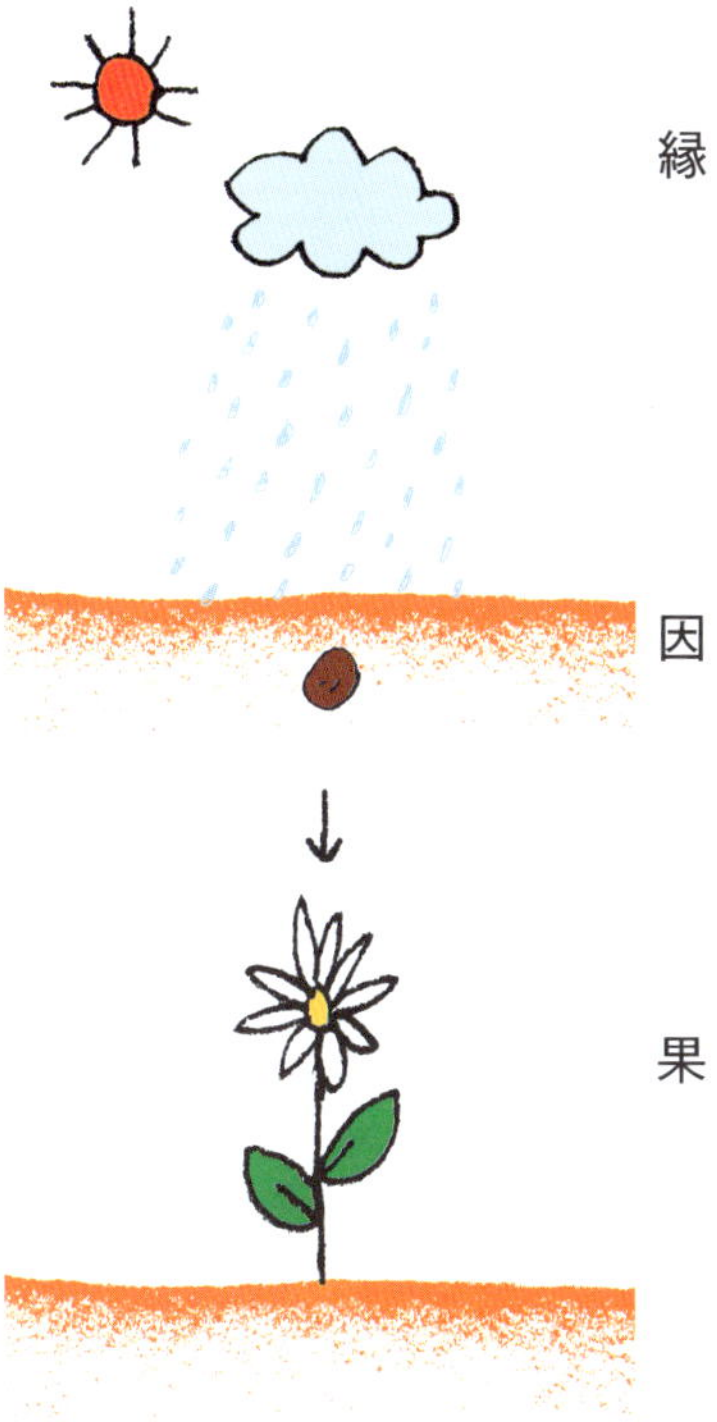

このように、すべてのものは因縁によって成り立っているのですが、因・縁・果は、固定的なものではなく、それぞれの関係を表す言葉だということに注意が必要です。

すべてのものは、お互《たが》いに因となり縁となって、つながり合っているのです。このようなあり方を縁起というのです。つまり、縁起とは、互いにもちつもたれつの関係にあることといってもいいでしょう。

つまり、お釈迦さまの教えには、「すべてのものは、つながり合っている」ということが、その根底にあるのです。

8 「祇園精舎」って聞いたことはあるけど……

お釈迦さまは、三十五歳でさとりを開かれてから八十歳で亡くなられるまで、四十五年もの間、①伝道の旅を続けられました。旅の拠点《きょてん》となった建物として有名なのは、マガダ国の首都ラージャガハにある竹林精舎《ちくりんしょうじゃ》と、コーサラ国の首都サーヴァッティー（舎衛城《しゃえじょう》。19頁地図参照）にある祇園精舎《ぎおんしょうじゃ》でしょう。竹林精舎は仏教最初の寺院であるといわれています。祇園精舎は、給孤独長者《きっこどくちょうじゃ》が、ジェータ（祇陀《ぎだ》。コーサラ国の王子）の所有する土地に黄金を敷《し》きつめて譲《ゆず》り受《う》けたところに建てたお寺として有名です。また、『平家物語』の冒頭《ぼうとう》にある「祇園精舎の鐘《かね》の声、諸行無常《しょぎょうむじょう》の響《ひび》きあり」という文章の中で見かけた記憶《きおく》のある人も多いでしょう。

お釈迦さまは、教えを聞く人の性格や能力に応じて説法をされました。この説法の方法を、「対機説法《たいきせっぽう》」とか「応病与薬《おうびょうよやく》」といいます。このようなお釈迦さまの説法のおかげで、多くの人びとが救われ、多くの弟子たちが誕生しました。

＊語句の説明

①伝道《でんどう》：さとりへの道を伝えること。教えを説くこと。

コラム　祇園精舎

　コーサラ国の首都サーヴァッティーに、スダッタという長者がいました。彼は、たいへん慈悲深く、孤独《こどく》な人びとを憐《あわ》れみ衣食を施《ほどこ》していたので、アナータピンディカ（孤独な人に食を給する人）とも呼ばれていました。アナータピンディカは、「給孤独長者」と漢訳されています。

　スダッタは、商売でラージャガハに行った時、お釈迦さまの説法を聞いて深く感動し、帰依しました。そして、自分の国にお釈迦さまを招待したいと思い、願い出ました。お釈迦さまの了解《りょうかい》を得たスダッタは、精舎（お寺）を建立《こんりゅう》するために、コーサラ国の王子であるジェータ（祇陀）の所有する園林《おんりん》を譲り受けたいと願い出ました。最初、ジェータは断り

ましたが、あきらめず頼《たの》んでくるので、冗談《じょうだん》で「どうしてもその土地がほしいのなら、黄金を敷きつめてみろ。そうしたら、黄金を敷きつめた所の土地を、その黄金と交換《こうかん》してやろう」と言いました。それを聞いたスダッタは、さっそく黄金を敷きつめ始めました。驚いたジェータは、なぜそこまでしてこの土地がほしいのか尋《たず》ねました。深くお釈迦さまに帰依しているスダッタの思いを知ってジェータは感激し、その土地を喜

んで提供しました。そして、スダッタは、その土地に大きな精舎を建立しました。これが有名な「祇園精舎」です。「祇園」とは、祇陀（ジェータ）の園林という意味です。

9 君の生きる依りどころは何？

八十歳になられたお釈迦さまは、弟子のアーナンダを連れて最後の旅に出られました。それはラージャガハを出発し、故郷へ向かわれた旅でした。途中、ヴェーサーリーの町はずれで、雨期《うき》の修行（①安居）に入られたお釈迦さまは、激痛をともなう病に苦しまれました。

しばらくして病が回復に向かった時、いつまでもお釈迦さまのことを頼《たよ》りにしている弟子のアーナンダに向かって、「自らをともしびとし　自らを依りどころとして　他を依りどころとしてはならない　②法をともしびとし　法を依りどころとして　他を依りどころとしてはならない」と、自分が亡き後、何を依りどころにすべきかを示されました。これが、「自灯明《じとうみょう》　法灯《ほうとう》明《みょう》」と呼ばれている有名な説法です。この言葉は、「自分の人生を、本当に自分の問題として、責任を持って生きなさい。他人を頼ってばかりいてはだめですよ。しかし、自分を依りどころにするといっても、自分勝手に生きるのではなく、法（真実の教え）を依りどころにして生きなさい」という意味です。

お釈迦さまは、その後、いくつかの村を通り過ぎてパーヴァー村に着かれました。そこで、鍛冶《かじ》工のチュンダから食事のもてなしを受けられた時、激しい腹痛におそわれました。しかし、お釈迦さまは、チュンダを責めることなく、「チュンダの③供養はスジャーターの供養と同じくらい尊い」と言われたと伝えられています。

お釈迦さまは、その苦痛を耐《た》え忍《しの》んで、④クシナガラへと旅立たれました。

＊語句の説明

①安居《あんご》：二～三カ月続く雨期に、一カ所に集まり行われる僧侶《そうりょ》の勉強会。

②法：仏（真実に目覚めた者）の教え。

③供養《くよう》：尊敬の心から、食べ物などを捧《ささ》げること。

④クシナガラ：お釈迦さまが亡くなられたところ。お釈迦さま誕生の地・ルンビニーやカピラ城の南東、現在の北インド。19頁地図参照。

10 お釈迦さま、最期の言葉

お釈迦さまは、クシナガラに着くと、そこで力尽《ちからつ》き、①サーラの木（沙羅《さら》双樹《そうじゅ》）の間に、頭を北、顔を西、右脇《わき》を下にして静かに横になられました。

そんな時、スバッダという修行者が訪ねてきました。アーナンダは、「お釈迦さまは疲《つか》れておられるから」という理由で、面会を断りましたが、その会話を耳にされたお釈迦さまは、「アーナンダよ、拒《こば》んではいけない。何でも質問するがよい」と、スバッダを呼び寄せられました。お釈迦さまの説法を聞いたスバッダは、お釈迦さま最後の②直弟子となりました。

そして、次第《しだい》に最期《さいご》の時が近づいてきました。「すべてのものは移り変わる。汝《なんじ》らは、怠《おこた》ることなく努力せよ」。これが、お釈迦さま最期の言葉である。

ったと伝えられています。

お釈迦さまは、八十歳の二月十五日、涅槃に入られました。

さて、ここまで駆《か》け足《あし》で、お釈迦さまの人生を見てきましたが、いかがでしょうか。お釈迦さまの人生とその教えを通して、自分の人生を振《ふ》り返《かえ》ってみませんか。きっと、今まで見えていなかった自分の真実の姿が見えてくると思います。そして、本当のしあわせになる道が見えてくることでしょう。

次の「第2節」では、仏教説話を紹介します。

＊語句の説明

①サーラの木：サーラの音を漢字に当てはめて「沙羅」。お釈迦さまが亡くなられた時、お釈迦さまが伏《ふ》せておられる床《とこ》の四辺に一対《いっつい》ずつ合計八本のサーラの木があったと伝えられている。サーラの木が一対になっているので、沙羅双樹という。

②直弟子《じきでし》：師匠《ししょう》が生きている時、その師匠から直接教えを受けた弟子。

コラム　涅槃（入滅）

涅槃とは、もともと「煩悩の火が吹き消された状態」、つまり「さとり」のことですが、お釈迦さまが亡くなられた時にかぎり、「涅槃に入られた」と表現します。三十五歳ですでに「涅槃＝さとり」に入られているわけですが、生きているかぎり①肉体的束縛からは離れられません。弟子たちは、お釈迦さまは死んだのではなく、肉体的束縛《そくばく》を超えた完全なる涅槃に入られたと受け取ったのです。また、涅槃に入ることを入滅《にゅうめつ》ともいいます。

＊語句の説明

①肉体的束縛：肉体があることによって起こるさまざまな苦しみ・悩み・悲しみ・痛みなどに捉《とら》われてしまうこと。

第2節 しあわせに生きるヒントは仏教の中にある

1 有り難い！～爪の上の砂

ある時、お釈迦さまは、大地の砂を手にすくい、弟子たちに質問されました。

「この手のひらの砂の数と大地の砂の数は、どちらが多いでしょう」

弟子は答えました。

「もちろん大地の砂の数の方が多いです」

するとお釈迦さまは、静かにうなずかれて、

「その通りです。この世の中に生きているものは大地の砂の数くらいたくさんいるけれど、人間としていのちを恵まれるものは、手のひらの砂の数ほどのわずかなものなのだよ」

と、おっしゃいました。そして、今度は手のひらの砂を指の爪《つめ》ですくい、重ねて質問されました。

「手のひらの砂の数と、指の爪の上の砂の数は、どちらが多いでしょう」

弟子は答えました。

「もちろん手のひらの砂の数の方が多いです。指の爪の上の砂の数は、ほんのわずかです」

するとお釈迦さまは、深くうなずかれて、

「その通りです。同じ人間としていのちを恵まれながら、仏の教えに出あえるものは、ほんの爪の上の砂の数くらいしかいないのです。だからこそ、人間としていのちを恵まれ、仏法に出あえたことを大切にしなければなりません」

と言われたということです。

人間としていのちを恵まれ、また仏法に出あえたことは、実は奇跡的《きせきてき》なことなのです。滅多《めった》に起こることのない「有ることが難しい」こと、つまり、「有《あ》り難《がた》い」ことなのです。

2 他人のしあわせを願う(1)～ウサギの施し――ジャータカ①

昔から「お月さまには、ウサギが住んでいる」といわれますが、なぜそのようにいわれるようになったのでしょう。確かにお月さまを見ると、ウサギが餅《もち》をついているようにも見えますが、実は、仏教説話の中に、こんな話が伝わっているのです。

ある森に、ウサギとサルと山犬とカワウソが住んでいました。これらの四匹《ひき》の動物たちは、仲良く暮らしていました。そして、ウサギは、いつもみんなに、

「貧しくて困っている人や、お腹をすかせている人に出あったら、施し①（布施《ふせ》）をしようね」

と言い聞かせていたそうです。

そんなある日、一人の年老いた②僧侶（バラモン）が森にやって来ました。サルは山で木の実を、山犬は肉や大トカゲを、そして、カワウソは川で魚をとってきて、それぞれ施しをしました。ところが、ウサギは施しをしようと、懸命《けんめい》に食べ物を探すのですが、何も見つけることができませんでした。

そこで、ウサギは僧侶に火をおこすように頼みました。僧侶が火をおこすと、ウサギは、

「私は、あなたに施すものを何も見つけることができませんでした。私は今からその火の中に飛《と》び込《こ》みます。どうか私を食べてください」

そう言って火の中に飛び込みました。ところが、その火は少しも熱くありませんでした。不思議に思って僧侶に尋ねると、

「私は僧侶ではありません。③帝釈天です。実はあなたを試《ため》そうとして来た

のです」

そう言って、帝釈天《たいしゃくてん》は、ウサギの行いが全世界に知《し》れ渡《わた》るようにと、山をしぼってその液で月にウサギの姿を描《えが》いたということです。

そして、実は、このウサギはお釈迦さまの前世の姿だったのです。

この物語は、ジャータカ（お釈迦さまの前世物語）と呼ばれているものの一つで、布施の精神の大切さを説いたものです。布施とは、見返りを期待しない施しということで、その人のしあわせを願って行うものです。ウサギはいのちをかけて布施の実践《じっせん》をしました。しかし、いのちをかけるということが大切だと言っているのではありません。これはたとえ話であって、自分のしあわせより他人のしあわせを先に願う精神が、大切だということを伝えようとしているのです。そして、そこに実は、「他人のしあわせが自分のしあわせ」という世界が開けてくるのです。

＊語句の説明

①施し：仏のさとりを目指してする修行の一つで、与えること（見返りを期待しない）。物だけでなく、形のないもの（やさしい声をかける・やさしい眼《まな》

差《ざ》しを振《ふ》り向《む》けるなど）も布施である。

②僧侶：お坊《ぼう》さんのこと。ここでは、当時インドで広まっていたバラモン教のお坊さんをさす。

③帝釈天：バラモン教の最高の神。後に、仏法を護《まも》る神として仏教に取り入れられた。

コラム　ジャータカ

ジャータカとは、「お釈迦さまの①前世物語」のことです。これはインドに昔からある前世の考え方をうけて作られたものです。インドの人たちは、お釈迦さまのさとりの内容があまりにもすばらしいので、二十九歳から三十五歳のたった六、七年であのようなすばらしいさとりを開けるはずはない、きっと前世で大変な修行をされていたに違いないと考え、ジャータカが作られたのです。しかし、それは単なる作り話ではなく、仏教の大切な思想である②利他について説かれたものでもあるのです。

＊語句の説明

①前世：この世に生まれる前の世（世界）。仏教で前世を説いているというより、インドに昔からある考え方。

②利他《りた》：他人に利益を与えること。他人を救済すること。

3 他人のしあわせを願う(2)～捨身飼虎――ジャータカ(2)

昔、三人の王子がいました。一番下の王子の名前をサッタ王子といいました。

ある時、三人の王子は山へ遊びに出かけました。そこで、一匹の虎《とら》が七匹の子どもを産んだのを見ました。虎は飢えて疲れ果て、痩《や》せこけていました。「このままほうっておくと、虎は親も子も両方とも死んでしまう。何とか助けることはできないだろうか」と三人の王子は憐れみの心を起こし、虎をじっと見まもっていました。しかし、生きているものの肉を食べ物としている虎に食べ物を与えるのは無理だと思い、しばらくして、三人は立ち去りました。

ところが、サッタ王子はいったんは帰りかけたものの、どうしても虎をほうっておくことができず、戻《もど》ってきました。そして、虎のために獲物《えもの》を探してまわりましたが、何も見つかりませんでした。虎たちは、頭を上げる力もなく、ぐったりとしていました。

「どうしたらいいのだろう。このまま虎を見殺しにはできない。かといって、私にできることは何もない。いや、一つだけある」

サッタ王子はあることを決心すると、母親の虎の前に行き、自らのからだを差し出しました。しかし、虎はサッタ王子を食べようとしません。サッタ王子は、「虎は疲れて弱っているので、私を食べることができないのだろう」と思って、枯《か》れた竹を拾ってくると、それでからだのあちこちに傷をつけました。虎は、その血のにおいに反応し、サッタ王子に襲《おそ》いかかりました。そして、血をなめ、肉を食い、後には骨だけが残りました。

その後、元気を取り戻した母親の虎の乳を、元気に飲む七匹の子どもの虎の姿がありました。

そして、実は、このサッタ王子は、お釈迦さまの前世の姿だったのです。

この物語は、「捨身飼虎《しゃしんしこ》」と呼ばれているもので、その絵が法隆寺《ほうりゅうじ》玉虫《たまむし》の厨子《ずし》の台座・右横面に描かれています。これもジャータカの一つです。「ウサギの施し」と同じように、他人のためにいのちをかけることが大切だといっているのではありません。他人のためにする行為の大切さを説いているのです。仏教ではそれを「利他行」といいます。簡単にいえば、他人のしあわせを願う行為といえるでしょう。この他人のしあわせを願う行為が、そのまま自分のしあわせであるという境地があるのです。

4 慈悲の心～金色の鹿――ジャータカ③

あるところに深い森があり、森の奥《おく》に一匹の鹿《しか》が住んでいました。その鹿のからだは、金色《こんじき》にかがやいていました。

ある晩、森に大雨が降りました。谷川は水かさをまし、恐《おそ》ろしい音をたてて流れていました。金色の鹿がその川岸を通りかかった時のことでした。川の中から、「助けてくれー」という声が聞こえてきました。見ると一人の男が流されています。金色の鹿は川に飛び込みました。速い流れでしたが、やっとのことで男の服をくわえて川岸へ泳ぎ着くことができました。

「あぶないところを助けていただき、ありがとうございました。どうやってあなたに、このご恩返しをすればいいでしょうか」

と男は尋ねました。

「私は当たり前の事をしただけですから、お礼はいりません。けれども、一つだけお願いがあります。それは、この森で、私と出あったことを誰《だれ》にも言わないでほしいのです。猟師《りょうし》にでも知れたら、きっと私を捕《と》らえにくるでしょうから」

と金色の鹿は静かに答えました。

「はい、わかりました。決してしゃべったりはいたしません」

男はそう約束して森を出て行きました。

それからしばらくたったある晩のこと、その国のお妃《きさき》さまが、金色の鹿がお城に来てみんなにありがたいお話をしている、不思議な夢をみました。その話を聞いた王さまは、「そんな鹿が、もしかしたらいるかもしれない」と国中におふれを出しました。「金色の鹿を見かけたことのある者は、すぐに言ってこい。たくさんの褒美《ほうび》をやる」

おふれを聞いて、「大儲《おおもう》けができる」とすぐにお城にかけつけてきた男がいました。あの男です。受けた恩も約束もけろっと忘れて。

王さまは家来をひきつれ、その男に案内させて森へ出かけました。すると、森の奥に目も覚めるような美しい金色の鹿が立っていました。男は、「王さま、あれです」と言って、得意げに金色の鹿を指さしました。ところが、男は、金色の鹿と目が合った瞬間《しゅんかん》、心に深い後悔《こうかい》の気持ちがわいてきました。そして、真っ青になって、震《ふる》えながら叫びました。「私が悪うございました。許してください。お願いです」。わけを聞いた王さまはかんかんに怒《おこ》って、「恥知らずめ、お前のような人間は、生かしておけん。覚悟《かくご》しろ」と言って弓を構えて射殺そうとしました。その時、金色の鹿がそっと近づいてきて、「その男は、もう心に後悔の気持ちを抱《いだ》いていますから、どうかいのちだけは助けてあげてください」と頼みました。そして、「そのかわり、私を捕らえてください」と言いました。

王さまは金色の鹿のやさしい心に胸をうたれました。王さまは狩《か》りが好きで生き物を追《お》いかけ回して喜んでいましたが、そんな自分が恥《は》ずかしくなりました。王さまはいきなり弓を地面に投げ捨て、金色の鹿に向かって、明るい声で言いました。

「どうか、森の奥へお帰りください。そして、いつまでも、しあわせに暮らしてください」

実は、この金色の鹿は、お釈迦さまの前世の姿だったのです。

金色の鹿（お釈迦さま）は、自らを殺そうとした男に対しても、慈しみの心をもって接しています。善悪を超えて、すべての人に分《わ》け隔《へだ》てなくふりそそがれる慈しみの心を慈悲といいます。その慈悲の心に触《ふ》れることによって、男は救われたのです。

5 死を受け容れる～キサー・ゴータミー

キサー・ゴータミーは、インド北部コーサラ国の首都サーヴァッティー（舎衛城）にある貧しい家に生まれました。彼女《かのじょ》は、年頃になると結婚して、かわいい男の子を授《さず》かり、しあわせに暮らしていました。ところが、その子どもが歩けるようになった頃、ふとしたことから突然《とつぜん》死んでしまったのです。彼女は嘆《なげ》き悲《かな》しみ、死んだ子どもの死体を抱いて、「私の子どもを助ける薬を知っている人はありませんか」と家から家を訪ね歩きました。それを見ていた一人の賢者《けんじゃ》が、何とか彼女を助けたいと思い、「娘さん、お釈迦さまであれば、きっとその薬を知っているでしょう」と言いました。

キサー・ゴータミーは早速《さっそく》、お釈迦さまの所に行って、「どうかこの子を助ける薬をください」と頼みました。お釈迦さまは、「わかりました。それでは、村に行って、家々を訪ね歩き、ひとつかみの芥子《けし》の種をもらってきてください。ただし、今まで誰も死んだ人のいない家からでないとだめですよ」と言われました。

それを聞いたキサー・ゴータミーは喜んで、言われた通り村へ行き、家々を訪ね歩きました。そして、「この家に芥子の種はありませんか。あったら少し分けてください」と頼みました。するとほとんどの家に芥子の種はあり、持ってきてくれるのですが、「この家では、今までに誰か死んだ人はいませんか」と尋ねると、必ず、誰か死んだ人がいるのです。キサー・ゴータミーは、それでも必死になって、今までに死者を出したことのない家を探し回りました。しかし、なかなか見つけることはできませんでした。そんな中で、自分が忘れかけていた大切なことに気づかされたのです。「今までに誰も死んだ人のいない家などないということ」つまり、「人は生まれたからには必ず死なねばならない」ということを。

キサー・ゴータミーは、お釈迦さまのもとにもどりました。するとお釈迦さまはやさしく語りかけられました。

「これでお前も気がついただろう。人は生まれたからには必ず死なねばならない。悲しいことだけれど、これが人生の真実なんだよ」と。

お釈迦さまの説法は、彼女の心に深くしみわたりました。そして、彼女は、お釈迦さまの弟子になりました。

仏教では、「生まれた者は必ず死に、出会った者は必ず離れる」ということを「生者必滅《しょうじゃひつめつ》　会者定離《えしゃじょうり》」といいます。厳しいけれど、この事実をしっかり受け止めることができたらいいですね。

コラム　亡き人は善知識

善知識《ぜんぢしき》とは、自分を正しい方向（さとり）に導いてくれる人のことです。多くの場合は、師匠《ししょう》・先生などですが、友だちや後輩《こうはい》などのこともあります。この説話では、亡くなった子どものおかげで「生者必滅　会者定離」の事実に気づかせてもらったということから、「亡き子どもは、善知識である」と受け取っています。

第2章

浄土真宗を知るために親鸞聖人を知ろう

お釈迦《しゃか》さまは、聞く人の性格や能力に合わせて教えを説かれたので、さまざまな教えが伝わることになりました。そして、インド・中国・日本と仏教が伝わってくる中で、さまざまな宗派が生まれました。日本でも、仏教の中に多くの宗派が生まれましたが、親鸞聖人《しんらんしょうにん》が開かれたのが浄土《じょうど》真宗なのです。「第2章」では、特にこの浄土真宗について、ほりさげていきたいと思います。

仏教は、仏さまの教えであると同時に仏さまに成る教えですから、煩悩《ぼんのう》をなくしてさとる（真実を体得する）ことを目指すのですが、煩悩をなくすことができない人は、どうすればいいのでしょうか。それが、親鸞聖人が問題とされたところなのです。

親鸞聖人は、煩悩をなくすために一生懸命《いっしょうけんめい》、修行《しゅぎょう》をされました。しかし、修行をすればするほど見えてきたものは、煩悩だらけの自分の姿でした。そんな煩悩だらけの人（自分）が救われる道を求め、明らかにしてくださったのが、親鸞聖人なのです。

現在、親鸞聖人によって明らかにされた仏教を浄土真宗といっていますが、それは、すべての人が平等に救われていく教えであり、煩悩だらけの人が救われていく教えであり、さらにいえば、この「私」が救われていく教えなのです。

親鸞聖人

第1節

何のために生きるのか考えたこと、ある？

親鸞聖人の人生①

1 荒《あ》れた時代、親鸞聖人は生まれた

親鸞聖人は、一一七三（承安《じょうあん》三）年五月二十一日（旧暦《きゅうれき》四月一日）に、京都の東南、日野の里でお生まれになったと伝えられています。父は日野有範《ひのありのり》、母に関しては確かなことはわかっていませんが、吉光女《きっこうにょ》であ

日野有範

るといわれています。日野家は、藤原《ふじわら》氏の流れをくむ貴族でした。また、親鸞聖人の幼い頃《ころ》の名前は松若麿《まつわかまろ》であったと伝えられています。

親鸞聖人が誕生された時代（平安時代の末）は、藤原氏を中心として長く続いていた貴族の政治が終わり、平氏が政権をとり、武家の政治へと変わっていく時代でした。また、その平氏を打《う》ち倒《たお》そうとして源氏が兵を起こした戦乱の時代でもありました。この政権争いにともなう数々の戦乱は、当時の人びとの心を不安にさせました。

また、そういう世の中の混乱をいっそう深刻にしたのは、痛ましい天災地変の続発でした。地震《じしん》・大風・火災などが次々に起こり、さらに①飢饉や②疫病のために、死者が都にあふれました。賀茂川《かもがわ》に捨てられた死骸《しがい》はその流れをせきとめて、京都の町なかに水があふれたとも伝えられています。

このような世の中で、人びとは世の③無常を感じ、生きる意味を問わずに

日野誕生院（京都市伏見区）

はおれなかったことでしょう。

そして親鸞聖人にとっては、武士や農民ではなく、貴族の子として生まれたことも、その後の人生に大きな影《えい》響《きょう》を与《あた》えたのです。

＊語句の説明

①飢饉《ききん》：農作物がみのらず、人びとが飢《う》え苦しむこと。

②疫病《えきびょう》：悪性の伝染病《でんせんびょう》。

③無常：常では無いということ。常に変化しているということ。

2 何のために生きるのか？

親鸞聖人は、九歳《さい》の春、伯父《おじ》・範綱《のりつな》に連れられて京都の青蓮院《しょうれんいん》に行かれ、慈円《じえん》のもとで①出家（得度《とくど》）されたといわれています。そして、名前を範宴《はんねん》と改められました。

出家の理由は、よくわかっていませんが、動乱の時代を生きた親鸞聖人は、世の無常を感じ、何のために生きているのか、何を依《よ》りどころに生きていったらいいのかと悩《なや》まれ、永遠に変わることのない真実を、仏教に求めたいという気持ちを、心の奥底《おくそこ》に持っておられたと考えられます。

親鸞聖人の得度に関して、次のような話が伝わっています。

親鸞聖人が慈円のもとを訪ね、得度の式を受けることを願われた時、夕方遅かったので、慈円は「今日はもう遅いので、得度の式は明日にしましょう」と言われました。

その時、親鸞聖人は、

明日ありと思ふ心のあだ桜《ざくら》
　夜半《よわ》に嵐《あらし》の吹《ふ》かぬものかは

（明日があると思っていても、今は満開に咲《さ》いている桜が、夜中に嵐が吹いて散ってしまうかもしれない。それと同じように、この私の身も心も明日はどうなるかわからない）

という和歌を詠《よ》まれました。

慈円は、この和歌に感動し、すぐに得度の式をされたということです。

＊語句の説明

①出家《しゅっけ》：僧侶《そうりょ》になること。

3 つら～い修行の日々

出家された親鸞聖人は、①天台宗の僧侶として、②比叡山で学問修行に励《はげ》まれました。比叡山《ひえいざん》では、天台宗の開祖・③伝教大師最澄が定めた④『山家学生式』に従って、十二年間山に籠《こも》って学問と修行をする、厳しい籠山行《ろうざんぎょう》が行われていました。

また、比叡山の峰々《みねみね》のお堂で⑤読経・⑥礼拝をしながら山道を歩き回る、回峰行《かいほうぎょう》（千日回峰行）などの修行も行われていました。

親鸞聖人が比叡山でどのような学問修行をされたかは、はっきりわかっていませんが、親鸞聖人の妻・恵信尼《えしんに》さまのお手紙から、堂僧《どうそう》であったことがわかります。堂僧とは、⑦常行三昧堂で⑧不断念仏を行う修行僧のことです。

比叡山（常行堂）

親鸞聖人が学ばれた天台宗は、自らの力をたよりに修行して、煩悩をなくし、この世でさとりを得ようという教え（聖道門《しょうどうもん》）でした。親鸞聖人は、厳しい修行によって自らの心をみがき、仏のさとりを目指されました。しかし、励めば励むほど、煩悩がなくなるどころか、見えてきたのは自分の心のみにくさでした。

この時の親鸞聖人の気持ちを、ひ孫の子にあたる存覚上人《ぞんかくしょうにん》は、「心を一点に集中し、安定させよう

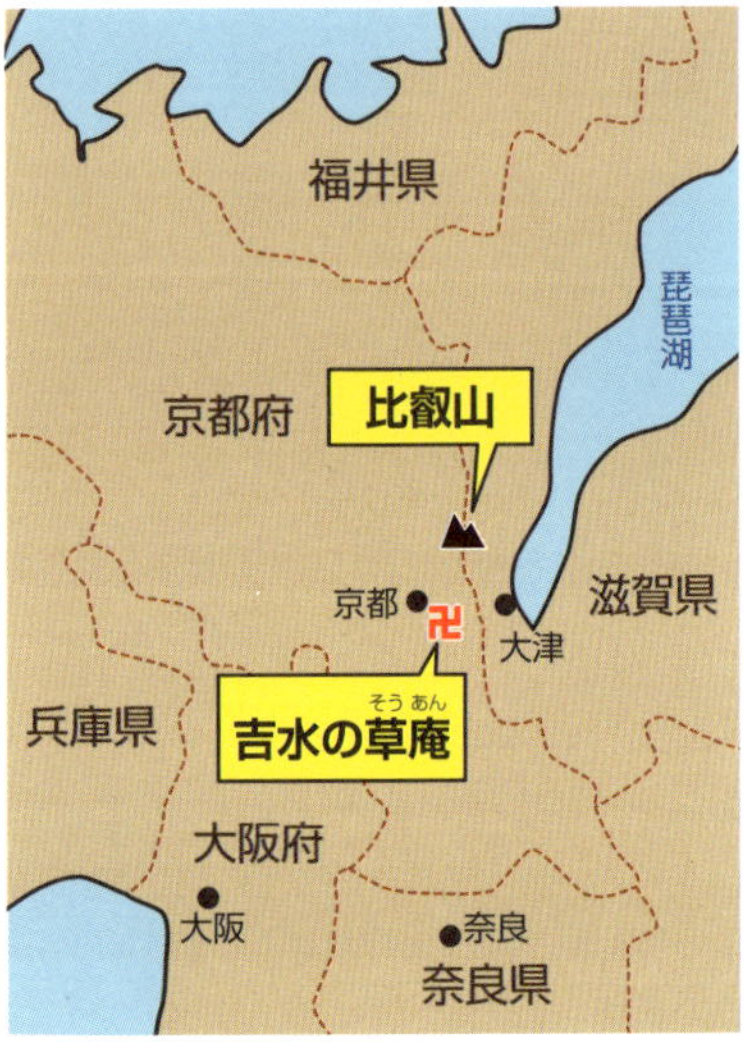

としても、ちょうど水面《みなも》がすぐ波立ってしまうように、いろいろな想《おも》いが浮《う》かんでしまう。清らかな心を見ようとしても、月がすぐに雲に覆《おお》われてしまうように、妄想《もうそう》に覆われて隠《かく》れてしまう」（『嘆徳文《たんどくもん》』）と述べられています。

＊語句の説明

①天台宗：仏教の宗派の一つで、最澄《さいちょう》が開いた。

②比叡山：京都府と滋賀県《しがけん》にまたがる山で、天台宗の本山・延暦寺《えんりゃくじ》がある。

③伝教大師《でんぎょうだいし》最澄：最澄とは、天台宗を開いた僧侶である。○○大師という大

師号は、功績のあった僧侶に天皇から与えられる名前で、最澄は、伝教大師という大師号を与えられた。

④『山家学生式《さんげがくしょうしき》』：最澄が書いた書物で、比叡山で修行する僧侶（学生）がどのように修行すべきかが書かれている。

⑤読経《どきょう》：お経《きょう》を声に出して読むこと。

⑥礼拝《らいはい》：仏さまを拝むこと。

⑦常行三昧堂《じょうぎょうさんまいどう》：七日もしくは九十日の間、仏さまのまわりを念仏を称《とな》えながら歩き回る修行をするお堂。

⑧不断念仏《ふだんねんぶつ》：特定の期間を決めて、その間、念仏を称え続けること。

コラム　回峰行（千日回峰行）

比叡山の峰々の諸堂など、約三百カ所で読経・礼拝しながら、山道を歩き回る修行で、七年間かけて千日歩きます（一年目百日、二年目百日、三年目百日、四年目二百日、五年目二百日、六年目百日、七年目二百日）。

最初の年は一日三十キロ、だんだんと距離《きょり》をのばして最後の七年目は一日八十四キロの道を歩き、定められた修行をします。五年目の終わり七百日後、堂入りといって、九日間お堂に籠って、食べず、飲まず、眠《ねむ》らず、横にならず、の修行もします。

4 夢に出てきたのは、アノ聖徳太子！

比叡山での修行に行きづまりを感じた親鸞聖人は、①六角堂に百日間②参籠することによって、自らの進むべき道を問うことにされました。親鸞聖人が六角堂《ろっかくどう》を選ばれたのは、③聖徳太子ゆかりの寺だったからです。親鸞聖人は、聖徳太子のことを「④和国の教主」とたたえ、深く尊敬しておられました。

後に親鸞聖人の妻となる恵信尼さまはその時のことを、「九十五日目の明け方に、夢の中に聖徳太子（⑤救世観音菩薩）が現れてお言葉をお示しくださいました。それで、すぐに六角堂を出て、⑥来世に救われる教えを求め、法然聖人《ほうねんしょうにん》にお会いになりました」（『恵信尼消息』）と記されています。

親鸞聖人は、六角堂に参籠《さんろう》される前から、法然聖人が善人も悪人も、すべての人が等しく救われる念仏の教えを説いておられるといううわさを聞いており、親鸞聖人にはその教えを聞いてみたいという思いがありました。

しかし、比叡山を下りることは、比叡山での修行では自分は救われないと判断したということであり、それは、比叡山での二十年間の修行を否定することになるため、なかなか決心がつかなかったのです。そんな時、夢に聖徳太子（救世観音菩薩《くぜかんのんぼさつ》）が現れ、法然聖人のところに行くことを勧《すす》めてくださったことによって、自分の心の奥底を確認《かくにん》されたのでした。

そうして親鸞聖人は、比叡山を下りる決心をし、⑦吉水の地で念仏の教えを説いておられた法然聖人のところへ行かれたのでした。

＊語句の説明

①六角堂：正式名称《めいしょう》は頂法寺《ちょうほうじ》。六角のお堂なので、六角堂と呼ばれている。

②参籠：参拝し籠ること。

③聖徳太子：飛鳥時代、推古天皇の摂政《せっしょう》として政治を行い、憲法十七条などを

制定した。また、日本を仏教によって平和に治めようとした人でもある。後に、聖徳太子を救世観音菩薩の化身《けしん》（人びとを救うために、仏が人間の形に変化して現れたもの）だと仰《あお》ぐ信仰《しんこう》が生まれた。

④和国《わこく》の教主《きょうしゅ》：日本（和国）の教えの主（教主）ということで、日本に仏教の教えを弘《ひろ》めた人ということ。

⑤救世観音菩薩：世の人びとの救いを求める声を聞き、ただちに救済する菩薩。菩薩とは、もともと仏のさとりを求めて修行する者のことであったが、後には、自分のさとりを求めることより、他人を救済することを中心とする者のこととなった。

⑥来世：未来の世。いのちが終わった後の世界。

⑦吉水：京都東山にある場所の名（地名）。96頁地図参照。

5 人生の師と出あった！

親鸞聖人は、法然聖人にあうために吉水の①草庵を訪ねられました。そこには、貴族や武士や農民など、さまざまな身分の人が集まっていました。

親鸞聖人は、それから百日の間、雨の降る日も、日の照る日も、どんなことがあっても、法然聖人のもとを訪ねられました。そして、善人も悪人もすべての人が同じように救われていく念仏の道があることを、ただ一筋に説かれるのを聞き、これこそ自らの歩むべき道であると確認されました。

親鸞聖人は、煩悩から逃《のが》れられないこの自分が、そ

法然聖人

法然聖人の吉水草庵跡を伝える安養寺（京都市東山区）

のままで救われる教えに、出あうことができたのでした。親鸞聖人二十九歳、法然聖人六十九歳の時のことでした。

②『歎異抄』という書物には、「たとえ法然聖人にだまされて、念仏して地獄《じごく》に堕《お》ちたとしても、決して後悔《こうかい》はしない」という親鸞聖人の言葉があります。

この言葉から、いかに親鸞聖人が法然聖人を信頼《しんらい》していたかということと、念仏の道による救いを確信していたかということがうかがわれます。

＊語句の説明

①草庵：草ぶきの粗末《そまつ》な家。

②『歎異抄《たんにしょう》』：親鸞聖人の弟子《でし》の唯円《ゆいえん》が、親鸞聖人が亡《な》くなられた後、念仏の教えの受け取り方が異なっていくのを歎いて書いた書物（抄）。

コラム　法然聖人って、どんな人？

法然聖人は、一一三三（長承《ちょうしょう》二）年五月二十日（旧暦四月七日）に、美作《みまさか》（岡山《おかやま》県）の久米《くめ》の押領使《おうりょうし》（現在の警察署長にあたる）漆間時国《うるまときくに》の子として生まれ、幼名を勢至丸《せいしまる》といいました。九歳の時、父・時国は、夜に明石定明《あかしさだあきら》に襲《おそ》われて、瀕死《ひんし》の重傷を負いました。その時、敵討《かたきう》ちを誓《ちか》う勢至丸に、時国は「敵を討ってはならない。敵を討てば、また相手がこちらを敵として狙《ねら》うだろう。それではいつまでたっても怨《うら》みは消えない。それよりも、仏門に入って、怨みを超《こ》える真実の道を求めてくれ」と、遺言《ゆいごん》しました。それがきっかけとなり、勢至丸は叔父《おじ》の寺に入りました。その後、十三歳で比叡山に登り、十五歳で出家。そして、天台宗の教えを学び、「智慧《ちえ》第一の法然房《ほうねんぼう》」といわれるようになりました。

しかし、散り乱れる心を、どうすることもできず、迷いを離《はな》れることはできませんでした。そして、長い間の学問の末、四十三歳の時、中国の①善導大師の書かれた書物の一文に出あい、念仏の道を歩まれることになりました。

その後、比叡山を下って吉水に住み、民衆のためにひたすら念仏の教えを説かれました。

法然聖人の伝えてくださった念仏の教えとは、「ただ念仏して、阿弥《あみ》陀如来《だにょらい》さまに救われていく教え」でした。またそれは、「善人も悪人も、出家者も在家者も、みな等しく救われていく教え」でした。

そして、一二一二（建暦《けんりゃく》二）年、八十歳で往生されました。

＊語句の説明

①善導大師《ぜんどうだいし》：中国の僧侶。中国浄土教《じょうどきょう》を大成し、その著作が法然聖人に大きな影響を与えた。親鸞聖人は、念仏の教えを伝えてくれたインド・中国・日本の七人の僧侶（七高僧《こうそう》）をあげているが、その一人。

6 お坊さんだって結婚するんだ

当時、出家者である僧侶が結婚《けっこん》することは、固く禁じられていました。

法然聖人は、出家の者も①在家の者も、すべての者が等しく救われる念仏の道を示してくださいました。ただ、法然聖人自身は、生涯《しょうがい》出家の僧侶としての生活を送られ、結婚もされませんでした。

それに対して、親鸞聖人は公然と結婚し子どもも授《さず》かり、家庭を持つ生活の中で、念仏の道を歩まれました。つまり、身をもって在家《ざいけ》仏教の道を歩まれたのです。親鸞聖人にとって、出家して一人で道を求めるより、普通《ふつう》の人と同じように結婚して家族とともに生きる方が自然だったのでしょう。

法然聖人は結婚について、「結婚した方が念仏しやすいのなら、結婚しなさい。一人の方が念仏しやすいのなら、結婚しないでおきなさい」と、念仏しやすい生活を勧められました。

親鸞聖人の結婚については、さまざまな説があります。三十五歳の時、無実の罪で越後《えちご》に②流罪になり三十九歳で罪が許されますが、その時、子どもがいたということや、妻となる恵信尼さまの父・三善為教《みよしためのり》の管理する土地が越後にあったということなどから、流罪《るざい》の地で結婚されたのではないかといわれていました。

ところが、「流罪者は、妻を同伴《どうはん》して③配所におもむけ」という法律が古くからあったことがわかったことや、三善為教が京都の官人であった可能性が高いということなどから、流罪前の京都で、恵信尼さまと結婚されたという説が有力になりました。恵信尼さまは親鸞聖人より九歳年下でした。

＊語句の説明

①在家：出家に対する言葉で、出家していない人。

②流罪：罪に対する刑罰《けいばつ》として、へんぴな所へ連れて行かれること。

③配所《はいしょ》：流罪で連れて行かれた場所。

第2節

人生山あり谷あり

親鸞聖人の人生②

1 無実の罪で越後へ……

吉水において、法然聖人のもとで過ごした日々は、親鸞聖人にとって、かけがえのない日々でした。しかし、そのような平穏《へいおん》で充実《じゅうじつ》した生活は、長くは続きませんでした。

法然聖人のもとに多くの人びとが集まることを、快く思っていなかったのが、奈良《なら》や比叡山の①伝統仏教教団でした。そして、「善人も悪人もすべての人が同じように救われていくというおかしな教えを弘めている」と朝廷《ちょうてい》に訴《うった》えました。

最初は、この訴えは取り上げられませんでした。しかし、時の権力者、後《ご》鳥羽《とば》上皇のかわいがっていた女官（鈴虫《すずむし》・松虫と伝えられている）が、上皇の留守中に、法然聖人の弟子、住蓮《じゅうれん》房《ぼう》・安楽房《あんらくぼう》の行った②念仏会に参加し、そのまま出家したことが上皇の怒《いか》りにふれました。また法然聖人の教えを誤解した一部の念仏者が、悪人が救われるのなら何をしてもいいと好き勝手な行動をしたり、奈良や

比叡山の教えを批判したりしたことなどがきっかけとなり、念仏禁止の命令が下されました。そして、住蓮房・安楽房をはじめ、四人が死罪、八人が流罪になりました。法然聖人は、藤井《ふじい》元彦《もとひこ》という③俗名を与えられ讃岐《さぬき》（香川《かがわ》県）へ、親鸞聖人は、藤井善信《よしざね》という俗名を与えられ、越後（新潟《にいがた》県）に流されました。

この事件は、承元《じょうげん》元（一二〇七）年に起こったので、「承元の法難」と呼ばれています。法然聖人七十五歳、親鸞聖人三十五歳の時のことでした

親鸞聖人が、流罪になったことをどのように受け取ったかということについて、二つの姿勢を見ることができます。

一つは、「天皇も臣下のものも、法に背《そむ》き道理に外れ、怒りと怨みの心をいだいた」（『教行信証《きょうぎょうしんしょう》』）と、権力者に対して屈《くっ》せず、おかしいものをおかしいと批判しています。

もう一つは、「もし私が流罪の地へ行かなかったら、どうして田舎《いなか》の人びとに教えを伝えることができたでしょう。これはまったく法然聖人のおかげです」（『御伝鈔《ごでんしょう》』）と、無実の罪で遠い越後に流されたという事実に対して、不平不満を言うのではなく、遠くの地に念仏を伝えるご縁《えん》であると受け取っておられます。

このような親鸞聖人の受け取り方から、私たちも生きる姿勢を見習いたいですね。

＊語句の説明

①伝統仏教教団：鎌倉《かまくら》時代になって、法然聖人の開いた浄土宗など、鎌倉新仏教と呼ばれる多くの仏教が生まれたが、ここではそれ以前の伝統的な仏教教団のことをこのように総称する。具体的には、奈良の南都六宗と呼ばれる三論宗・法相《ほっそう》宗・成実《じょうじつ》宗・倶舎《くしゃ》宗・華厳《けごん》宗・律宗や、比叡山延暦寺の天台宗・高野山金剛峰寺《こうやさんこんごうぶじ》の真言《しんごん》宗をさす。

②念仏会《ねんぶつえ》：人びとが集まって念仏を称える法要。

③俗名：僧侶としての名前ではなく、俗人《ぞくじん》（俗世間《ぞくせけん》の人・普通の人）としての名前のこと。

2 そうだ、関東へ行こう

越後での親鸞聖人の生活は、明らかではありませんが、冬には深い雪に覆われる生活は、厳しいものであったに違《ちが》いありません。

流罪になって五年目、親鸞聖人三十九歳の時、流罪が許されましたが、すぐには京都に帰られませんでした。それは、親鸞聖人の子・信蓮房《しんれんぼう》が生まれたばかりで、長旅は困難だったことと、法然聖人が京都において八十歳で亡くなられたという知らせが届き、京都へ帰る望みを失ったことによると考えられます。

そして、四十二歳の頃、妻と子を連れて越後を旅立ち、関東の常陸《ひたち》（今の茨城《いばらき》県あたり）へと移られました。なぜ関東に移られたのか、その理由はわかっていませんが、新しい土地で念仏の教えを伝えようとされたのでしょう。

関東に移られた親鸞聖人は、約二十年間、伝道に励まれました。親鸞聖人は、人びとに対して、師匠《ししょう》と弟子という態度ではなく、「御同朋《おんどうぼう》・御同行《おんどうぎょう》」の精神で接しておられます。「御同朋・御同行」とは、ともに念仏の教えに生きる同じ朋《とも》であり、同じ念仏の①行者であるということです。このような姿勢で伝道を続ける親鸞聖人を、関東の人びとは信頼し、尊敬するようになりました。

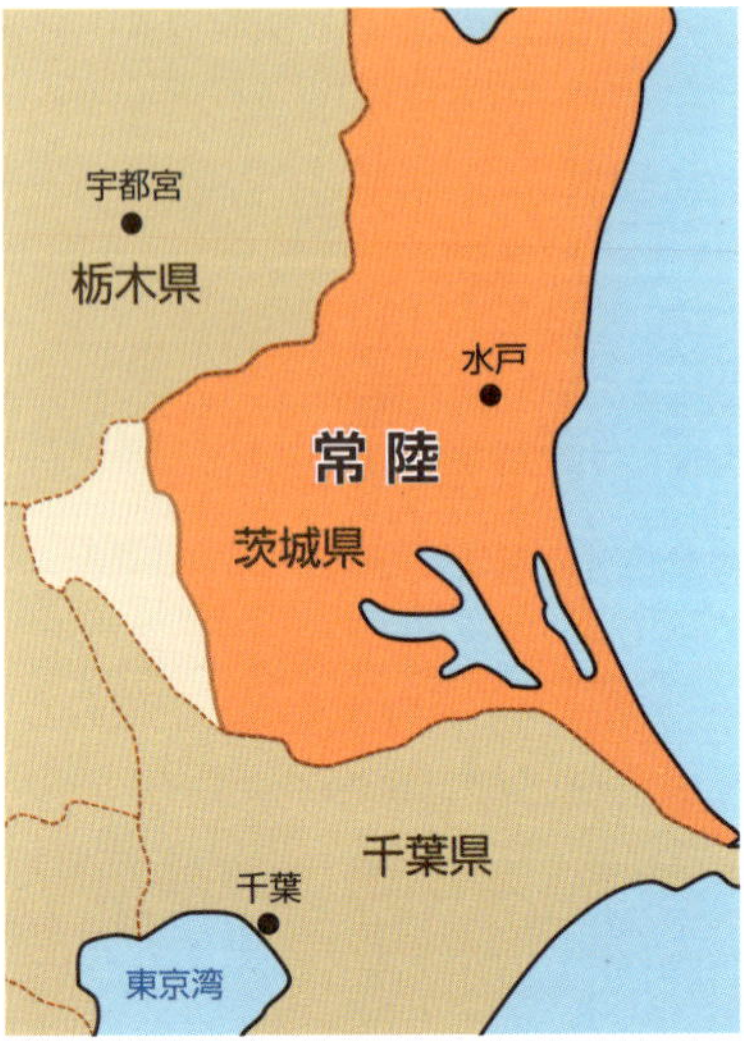

しかし、みんなが親鸞聖人を歓迎《かんげい》したわけではありません。念仏の教

えが弘まるのを快く思っていない人もあり、②山伏に命を狙われたこともあったと伝えられています。けれども、親鸞聖人は、ひたすらに念仏の教えを伝えていかれ、教えは多くの人びとの間に弘まっていきました。

また一二二四（元仁元《げんにん》）年、親鸞聖人五十二歳の時、稲田《いなだ》の草庵（現在の西念寺《さいねんじ》）で、③『教行信証』の執筆《しっぴつ》をされたといわれています。ただし、一年で完成されたのではなく、二十年あまりの歳月《さいげつ》を費やしておられます。親鸞聖人が、念仏の教えを正しく伝えるために、命をかけて書かれた書物が、『教行信証』だったのです。

＊語句の説明

①行者《ぎょうじゃ》：修行をする者。

②山伏《やまぶし》：山岳《さんがく》信仰と仏教が混ざったような教え（修験道）に基《もと》づき、山の中で

修行し、呪術的《じゅじゅつてき》な力の獲得《かくとく》を目指す人のこと。

③『教行信証』：親鸞聖人が最も力を入れて書かれた書物で、浄土真宗の根本聖典。浄土真宗の門信徒が、お勤めすることの多い〝帰命無量寿如来《きみょうむりょうじゅにょらい》　南無《なも》不可思議光《ふかしぎこう》〟で始まる「正信偈《しょうしんげ》」は、この書物の一部である。

コラム　改心した山伏弁円

親鸞聖人が、稲田の草庵を拠点《きょてん》に伝道をされていた頃、それを快く思わない人の中に、板敷《いたじき》山の山伏弁円《べんねん》がいました。①祈禱を勧める弁円にとって、祈禱《きとう》を行わない念仏の教えが弘まることは、都合が悪かったのです。そのため、親鸞聖人を祈禱で殺そうとしたり、板敷山で待《ま》ち伏《ぶ》せをしたりしましたが、うまくいきませんでした。

そこで、弁円は稲田の草庵に押《お》しかけましたが、ことさらに警戒《けいかい》する様子もなく出てきた親鸞聖人の尊い姿に接した時、危害を加えようとする心がたちまちに消滅《しょうめつ》し、後悔の涙《なみだ》が止まりませんでした。そして、ただちに刀を捨て、その場で弟子になりました。それが明法房《みょうほうぼう》（弁円）です。

＊語句の説明

①祈禱：神さまや仏さまに祈《いの》ること。

3 ついに京都へ帰ってきた！

親鸞聖人は、六十二歳の頃、関東を後にして京都に帰られました。なぜ、京都に帰られたのかという理由については、いろいろな説がありますが、『教行信証』を完成させるために、多くの資料を手に入れやすい京都に帰る必要があったということが、一番大きな理由であったと考えられます。

京都での親鸞聖人は、住まいを転々としながら、残り少ないと思われる人生の中で、念仏の教えを伝えるために、懸命《けんめい》に執筆活動に励まれました。

親鸞聖人が京都に帰られてから年月が経《た》つと、関東では、念仏の教えを誤解する人が出てきました。その代表的なものは、「阿弥陀如来さまは、どんな悪人でも救ってくださるのだから、どんな悪いことをしても構わない」というものと、「念仏一つで救われるといっても、善い行いも積まなければならない」というものです。

親鸞聖人は、これらの間違《まちが》いを正すために、息子《むすこ》・善鸞《ぜんらん》を派遣《はけん》されました。しかし、有力な弟子たちがいる関東では、善鸞が入りこんでも、指導力を発揮することができませんでした。おそらく、思うようにならないことで焦《あせ》りがあったのでしょう。こともあろうに、善鸞は、「正しい教えは、自分だけが、父・親鸞から、夜中に密《ひそ》かに授かった」と、嘘《うそ》をつきました。しばらくして、善鸞の言動を知った親鸞聖人は、み教えを守るために、善鸞を①義絶することを決断されました。親鸞聖人八十四歳、善鸞五十歳前後の時のことでした。どんなにつらかったことでしょう。

この出来事の影響もあってか、その後、親鸞聖人の執筆活動は、ますます盛んになっていきました。

＊語句の説明

①義絶《ぎぜつ》：親子の縁を切ること。

4 末娘が見まもる中、往生。そして現在へ……

親鸞聖人は、妻と子と一緒《いっしょ》に京都に住んでおられたようですが、ある時期に、妻の恵信尼さまは、親鸞聖人の身の回りの世話を末娘《すえむすめ》の覚信尼《かくしんに》にたのみ、数名の子や孫を連れて越後に移られました。父・三善為教から譲《ゆず》られた土地を管理しながら、子どもや、親に先立たれた孫たちの世話をするためではなかったか、といわれています。そして、そのまま、親鸞聖人の臨終にも死後にも、京都に帰られることはありませんでした。

京都での親鸞聖人は、一カ所に定住しないで京都の中を転々とされたようですが、五条西洞院《ごじょうにしのとういん》のあたりに、しばらく住んでおられました。親鸞聖人

覚信尼

八十三歳の時、その住まいが火災によって焼けたため、弟・尋有《じんう》が住んでいた三条富小路《さんじょうとみのこうじ》の善法坊《ぜんぽうぼう》に身を寄せられました。

そして、一二六三年一月十六日（旧暦：弘長《こうちょう》二年十一月二十八日）、親鸞聖人は、九十歳で浄土に往生されました。末娘の覚信尼や、越後から駆《か》けつけた益方《ますかた》入道（親鸞聖人の子）、そして、数名の門弟《もんてい》たちに見まもられる中でのことでした。

親鸞聖人は亡くなられた後、東山のふもと、鳥辺野《とりべの》の南、延仁寺《えんにんじ》で火葬《かそう》され、ご遺骨は、東山大谷《おおたに》（現在の知恩院《ちおんいん》あたり）のお墓に納められました。親鸞聖人のお墓は、墓標に柵《さく》をめぐらした簡素なものだったと、伝えられています。

その後、墓所を大谷の西へ移し、そこに六角のお堂を建て、中に親鸞聖人の影像《えいぞう》を安置しました。このお堂は大谷廟堂《びょうどう》と呼ばれ、後に本願寺《ほんがんじ》へと発展していきました。

本願寺は多くの苦難にあい、さまざまな地を転々としましたが、多くの人びとの支えによって、現在まで本願寺と念仏の教えがまもられているのです。

さて、親鸞聖人の人生を見てきましたが、いかがでしたか。決して平穏な人生といえるものではありませんでしたが、その人生を通して、煩悩だらけの人間が救われる道を明らかにしてくださいました。その教えが皆さんの人生にひかりを与えてくれることを願っています。

では、次にその教えについて紹介します。

【親鸞聖人略系譜】

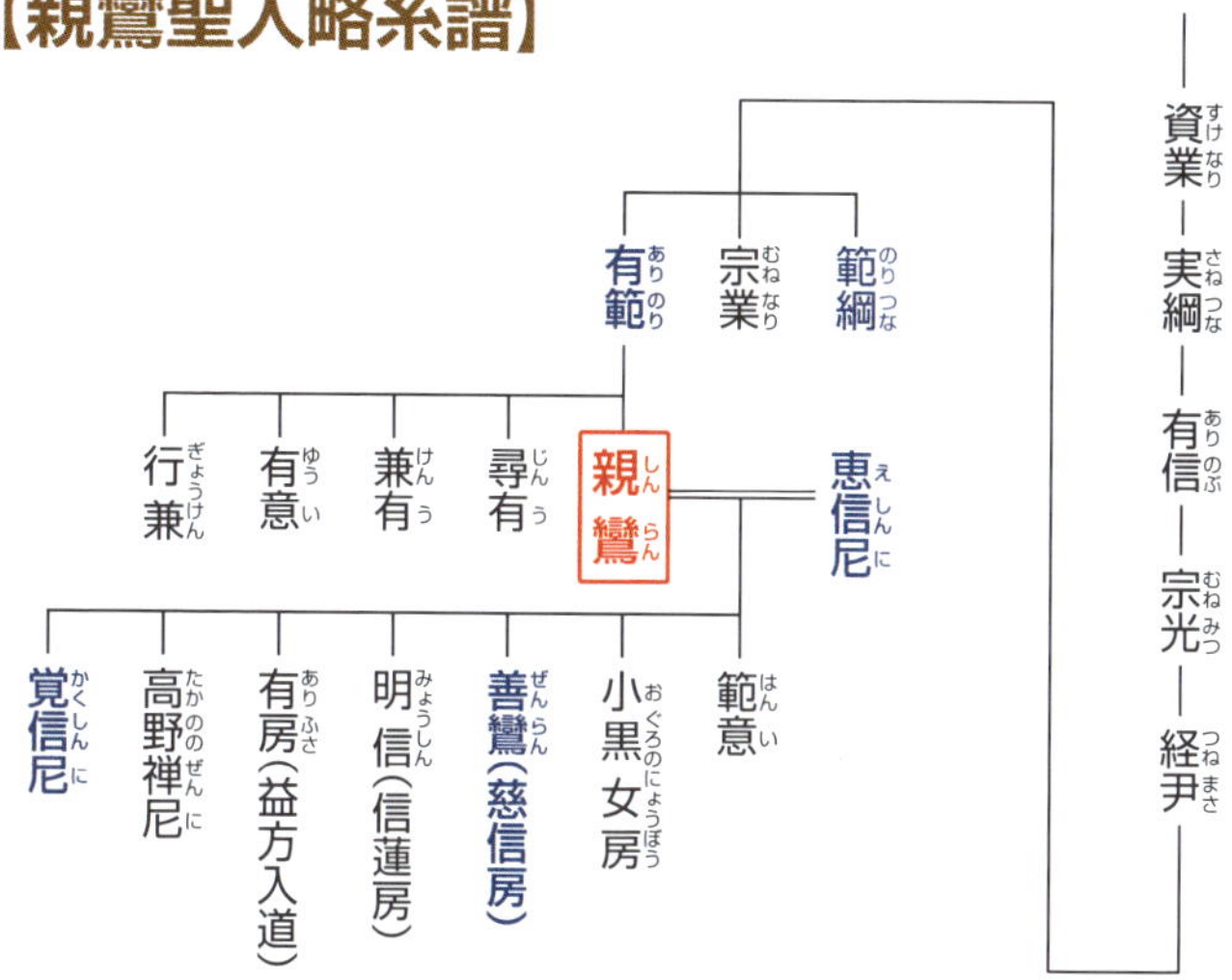

【親鸞聖人略年表】

1173(承安3)年	日野有範の子として京都で生まれる。
1181(養和元)年	9歳のとき慈円のもとで得度、 29歳まで比叡山で修行する。
1201(建仁元)年	六角堂に100日間参籠。法然聖人の門に入る。
1207(承元元)年	念仏禁止、越後に流罪となる（承元の法難)。
1211(建暦元)年	流罪赦免。
1214(建保2)年	妻子と常陸（茨城県）へ向かい、 約20年間、関東で教えを弘める。
1224(元仁元)年	『教行信証』を執筆。
1235(嘉禎元)年	この頃、家族を伴って京都に帰る。 京都では『三帖和讃』など数々の書物の 著述活動をする。
1256(建長8)年	善鸞義絶。
1263(弘長2)年	1月16日善法坊で往生。

第3節

浄土を目指して生きよう

阿弥陀さまの教えとともに

1 合い言葉は「ブッダ」「ダンマ」「サンガ」

ブッダン　サラナン　ガッチャーミ　(自ら仏に帰依《きえ》したてまつる)
ダンマン　サラナン　ガッチャーミ　(自ら法に帰依したてまつる)
サンガン　サラナン　ガッチャーミ　(自ら僧に帰依したてまつる)

仏教には、大切なものが三つあり、三宝《さんぽう》と呼んでいます。「仏・法・僧」の三つです。仏（ブッダ）とは、仏さま（真実に目覚めた方）のこと。法（ダンマ）とは、仏さまの教えのこと。僧（サンガ）とは、仏さまの教えを信じる弟子や信者の集まりのことです。以上の三宝によって仏教が成り立つことから、古くから大切にされてきました。

聖徳太子は『憲法十七条』の中で、「篤《あつ》く三宝を敬え」と述べられています。

この三宝を依りどころにすることを、

「三帰依《さんきえ》」と言います。もともとは、お釈迦さまの弟子になる時、三帰依文を唱えることによって、入門が許されていました。仏さまの教えを聞こうとする人は、何よりもまず、この三宝を敬い、それに帰依する心がけが必要です。

三宝を依りどころにするということは、自己中心の生き方から、真実を求めて生きる生き方への転換《てんかん》だと言っていいでしょう。

仏教儀式《ぎしき》の初めに三帰依文を唱えるのは、そんな意味があるのです。

2 阿弥陀如来さまって、どんなポーズをしてるの？

浄土真宗のお寺に安置されている仏さまを、見たことがありますか？　お釈迦さまのこと？　と思う人もいるかもしれませんが、そうではありません。

浄土真宗のお寺には、「阿弥陀如来」という仏さまが安置されているのです。そして、この阿弥陀如来さまがどんな仏さまかということは、そのお姿やお飾《かざ》り（荘厳《しょうごん》）に表れています。

まず、阿弥陀如来さまは、立っておられます。しかも多くの場合、横から見ると少し前に傾《かたむ》いています。これは、じっとしているのではなく、私たちのところに来てくださっている、常にはたらき続けてくださっているということを表しています。

次に、阿弥陀如来さまは、右手を上げ、左手を下げ、ともに親指と人さし指で輪を作っています。右手は「招喚《しょうかん》の印《いん》」といって、私たちを正しい方向に招き喚《よ》んでくださる智慧のはたらきを表し、左手は「摂取《せっしゅ》の印」といって、私たちを必ず救い取ってくださる慈悲《じひ》の心を表しています。

自己中心の心から離れられず、〝私が私が〟という小さな殻《から》に閉じこもり、小さないのちの世界に生きている私たちに対して、「もっと大きないのちの世界に目覚めなさい。どんなことがあっても、あなたを見捨てることはありません」と、自らの姿を通して、全身で語りかけてくださっているのです。

また、阿弥陀如来さまのお飾りであるローソクの灯《あかり》は、智慧（ひかり）を表し、お花は、慈悲（いのち）を表しています。

私たちが阿弥陀如来さまの前で手を合わせるのは、「自分の願いをかなえてください」と、お願いするためではなく、全身で語りかけてくださっている阿弥陀如来さまのお心を聞かせていただくためなのです。

3 挨拶はやっぱり大切なんだね

皆さんは、挨拶《あいさつ》が正しくできていますか？　「おはようございます」「さようなら」、「よろしくお願いします」「ありがとうございました」、このような挨拶がきちんとできると、気持ちのいいものです。

挨拶という言葉は、実はもともと仏教用語なのです。挨拶の「挨」は「押《お》し開《ひら》く」、「拶」は「せまる」という意味があります。また、「挨」は「軽く触《ふ》れること」、「拶」は「強く触れること」であるともいわれています。禅《ぜん》宗《しゅう》では、「一挨一拶《いちあいいっさつ》」といって、師匠と修行者、あるいは修行者同士が、あるいは軽く、あるいは強く、言葉（問答《もんどう》）や動作で、相手のさとりの深さを試《ため》すことをいいます。

そこから転じて現在は、人に会ったり別れたりする時に取《と》り交《か》わす、言葉や動作のことをいうようになりました。

心のこもった挨拶ができることが理想ですが、まずは、言葉や動作から始めてみましょう。本当は、相手に対する尊敬や感謝の心を、言葉や動作の形で表すことを挨拶というのかもしれませんが、形から心を学ぶということも大切なことです。

また、仏（阿弥陀如来）さまの前で手を合わせ、南無阿弥陀仏《なもあみだぶつ》と称えるのは、仏さまへの挨拶だといってもいいでしょう。家に仏壇《ぶつだん》のある人は、「いつも見まもっていてくださってありがとう」という気持ちで、朝晩、仏さまへの挨拶をしましょう。そして、それを仏さまの願いにかなった生き方をしているか振《ふ》り返《かえ》る機会にできたら、いいですね。

4 君の心にも「鬼」がいる⁉

浄土真宗では、ありがたい念仏者のことを①妙好人と呼んで、ほめたたえています。その妙好人《みょうこうにん》の一人に、浅原才市《あさはらさいち》さんという方がいました。島根県の温泉津町小浜《ゆのつちょうこはま》（現・大田市）の生まれです。現在、その才市さんの少し変わった肖像画《しょうぞうが》が伝わっています。その肖像画について才市さんは、親しくしていた寺本慧達《えたつ》さんに次のような話をされたそうです。

「あんまり皆さんが、わしをよくお寺に参ると言うでな、わしが寺に参るのは、鬼《おに》が寺に参るのだという事を見てもらいます。温泉津《ゆのつ》の絵描き《えか》き（若林春暁《わかばやししゅんぎょう》）さんにたのんで、鬼が仏さんを拝んどる絵を描いてもらいました」

「鬼にしても、わしに似せて描かにゃつまりません。それで、絵描きさんに言うて、わしに似た絵を描いてもらって、額に角をはやしてもらいましたよ」

そして、その肖像画を御正忌報恩講《ごしょうきほうおんこう》に、お寺の本堂にかけてもらって、みんなに見てもらいました。

鬼が寺に参るとはどういうことでしょう。才市さんは、まわりの人から見たら、とてもやさしい温和な人でした。ところが、才市さん自身は、自分の心の中に、鬼のような恐《おそ》ろしい心を持っているということに気づいていたの

です。だからこそ、まわりの人から見たら、やさしい人に見えたのでしょう。

親鸞聖人は、仏さまの教えに出あうことによって、自らが鬼のようなみにくい心を持った人間であることに気づかれ、それを煩悩具足《ぐそく》の凡夫《ぼんぶ》（煩悩が十分そなわっている愚《おろ》かな人間）と呼ばれました。

煩悩だらけの人間だからこそ、いや、そのことにさえ気づいていない私たちだからこそ、仏さまの教えを聞き、教えに導かれながら生きることが大切なのです。

＊語句の説明

①妙好人：念仏者をほめたたえていう言葉。

5 「他力本願」って、人に頼《たよ》ることじゃないんだ

今、あなたは、どんな願いを持っていますか？「思いっきり遊びたい」とか、「成績を上げたい」とか、「お金がほしい」とか、いろいろあると思います。けれど、私たちの願いは、「自分の思い（欲望）をかなえたい」という自己中心の心から出てきたものがほとんどではないでしょうか。それに対して、阿弥陀如来さまの願いは、自己中心の心を離れた大きな心から出てきたもので、「すべての人を救いたい」という願いです。この阿弥陀如来さまの願いを、本願といいます。また、ただ願っているだけでなく、私たちを救う（真実に導く）はたらきとして、はたらき続けているので、本願力といいます。

そして、それを他力本願ともいいます。一般的《いっぱんてき》には、「他力本願ではだめだ。自力でがんばらなければ」と、他力本願という言葉を、自分で努力をしないで他人の力を当てにするという意味で使われていますが、本来の意味とは違います。他力とは、他人の力ではなく、私たちを真実に導く阿弥陀如来さまのはたらきです。本願とは、すべての人を救いたいという阿弥陀如来さまの願いです。つまり、他力本願とは、阿弥陀如来さまの力であり、それは、すべての人を必ず救うと願い、願い通りに救うはたらきのことなのです。

注意しなければならないのは、自力・他力という言葉は、日常生活での人間の行いに関して言っているのではありません。仏のさとりを求めるということに関して言っているのです。さとりを求めるということに関して、自分の力ではどうしようもないということを見抜《みぬ》き、はたらき続けてくださっているはたらきが、他力なのです。

ですから、他力本願の生き方とは、自分で何もせず他に頼る生き方ではなく、自己中心の心から離れられず、真実に背いた生き方をしている「私」が、阿弥陀如来さまのはたらきに出あうことによって、自らの愚かさに気づかされると同時に、少しずつではあるけれど、真実の生き方へと方向転換されていく生き方なのです。

6 南無阿弥陀仏と称えてみよう

「南無阿弥陀仏」という念仏を聞いたことがありますか？　たぶん、聞いたことのある人のほとんどが耳にしたのは、お葬式《そうしき》などの悲しい出来事があった時だと思います。けれど、念仏はどのような時に称えてもいいのです。悲しい時もうれしい時も「南無阿弥陀仏」でいいのです。

では、「南無阿弥陀仏」とは、いったい何なのでしょう。「南無阿弥陀仏」とは一言でいえば、「仏さまの名前であると同時に、仏さまの喚《よ》び声である」といえます。「我をたのめ、必ず救う。お前は何も心配せずに、正しい道をいのちいっぱいに生きてくれ」という阿弥陀如来さまの大きな願いがこめられた喚び声なのです。

それは、母親が、生まれたばかりの赤ちゃんに向かって、「お母さんですよ」と名告《なの》り、呼びかけているのに似ています。赤ちゃんは、その「お母さんですよ」という言葉を通して、「お母さんは、ここにいますから、何も心配しなくていいですよ」という母親の温かい心を感じて、安心するのです。「南無阿弥陀仏」は、仏さまの名告りであり、「すべてのものを必ず救う」という大きな願い（本願）がこめられた喚び声なのです。私たちは、南無阿弥陀仏の念仏を通して、その大きな願いに出あい、救われていくのです。

いい・悪いとか、できる・できないとか、すべてを超えて、ありのままの自分をそのまま受《う》け容《い》れ、救い取ってくださる阿弥陀如来さまの大きな願い。その願いに出あうことによって、生きる意味と方向が与えられるのです。

つまり、念仏を称えるということは、「私」が称えているのだけれど、実は、阿弥陀如来さまの喚び声を聞くということであり、同時に、阿弥陀如来さまの願いに出あうということなのです。そして、そこに本当の意味での救いというものがあるのです。

次の歌を味わってみましょう。

われ称え　われ聞くなれど　南無阿弥陀
つれてゆくぞの　親のよびごえ

（原口針水）

（意味）

私が称え、私が聞いている南無阿弥陀仏の念仏ではあるけれど、実は、それは、「（浄土という真実の世界に）連れて行くぞ」という親（阿弥陀如来さま）の喚び声なのです。

7 阿弥陀如来さまは悪人びいき!?

親鸞聖人は、「悪人こそ阿弥陀如来さまの正しき救いの目当てである（悪《あく》人正機《にんしょうき》）」と言われました。それを聞いて、「だったら、どんなに悪いことをしてもいいのか」と思う人もあると思いますが、それは大きな間違いです。

ここで言う悪人とは、世間一般に言われる悪人ではなく、仏の教えによって自らが煩悩だらけの人間であると気づかされている人のことをいいます。阿弥陀如来さまは、そのような人をほうっておけず、必ず救うと願い、はたらき続けてくださっているのです。

①『涅槃経』というお経の中に、次のようなたとえがあります。

「たとえば、ある人に七人の子どもがいたとします。その七人の子どもの中で、一人が病気になれば、親の心は、平等でないわけではありませんが、ひとえにその子に向かいます」

これと同じように、阿弥陀如来さまの慈悲の心は、煩悩に苦しみ悩んでいる人間に、真っ先に向けられるのです。親の立場に立てば、病気の子どもを一番に心配するのと同じように、仏さまの立場に立てば、悪人こそ救いの目当てであるという言葉は、当然のことといわねばならないでしょう。

さらに、その悪人（煩悩だらけの人間）とは、他の誰《だれ》でもない、自分自身のことであったと受け取れた時、「悪人こそ阿弥陀如来さまの正しき救いの目当てである」という教えが心に響《ひび》いてくるのです。そして、そこに仏さまの教えを仰《あお》ぎながら生きる人生が開けてくるのです。

＊語句の説明

①『涅《ね》槃《はん》経《ぎょう》』：お釈迦さまが亡くなられる直前の説法だとされている。

8 浄土って天国のこと？

皆さんは、浄土《じょうど》（極楽《ごくらく》）と聞いて、どんな世界をイメージしますか。楽しい楽園をイメージしますか。それとも、そんな世界なんかあるわけないと思いますか。一般的には、浄土という言葉より天国という言葉が使われますが、天国と浄土は違います。

浄土について、①『仏説阿弥陀経』には次のように説かれています。
「浄土にはきれいな池があって、池の底には一面に金の砂が敷《し》きつめられている。また池の中には車輪のように大きな蓮《はす》の花があって、青い花は青い光を、黄色い花は黄色い光を、赤い花は赤い光を、白い花は白い光を放ち、いずれも美しく、その香《かお》りは気高く清らかである」

これは、浄土というさとりの世界では、すべてのものが、そのままでひかりかがやいているということを表しています。青い花に向かって赤くなれとは言わない。青い花は青のままでひかりかがやき、赤い花は赤のままでひかりかがやく。私は私色のまま、あなたがあなた色のままでひかりかがやく。すべてのいのちがそのままでひかりかがやく。そんな世界がさとりの世界なのです。

ところが、迷いの世界に生きている私たちは、自分のものさしで、いい人・悪い人、好き・嫌《きら》い、役に立つ・役に立たない、といったように、すべてのいのちを勝手に価値判断して、差別してしまっているのです。しかも、そのことに気づいてさえもいないのです。

だからこそ、さとりの世界である浄土を目指して生きることが大切なのです。浄土真宗は、浄土に往生することを目指す真実の宗教です。往生とは、文字の通り、往《い》って生まれることです。ただし、浄土に往生することを目指すといっても、死んだ後のことだけをいっているのではなく、今現在、浄土というさとりの世界に向かって生きることを目指すということなのです。そして、その時、浄土から遠ざかっている自分の姿が見えてくると同時に、少しずつではあるけれど、浄土の方向へと導かれながら生きる人生が与えられるのです。

＊語句の説明

①『仏説阿弥陀経《ぶっせつあみだきょう》』：浄土真宗で依りどころにする経典《きょうてん》の一つ。阿弥陀仏の浄土について説かれている。

付録

浄土真宗の1年を体験してみよう

浄土真宗《じょうど》（仏教）には、一年を通じてさまざまな行事があります。それには、お釈迦《しゃか》さまや親鸞聖人《しんらんしょうにん》の一生を縁《えん》とするもの（誕生を祝う行事など）と、日時などを縁とするもの（元旦会《がんたんえ》や彼岸会《ひがんえ》など）があります。ここでは、そんな行事をご紹介《しょうかい》します。

4月　花まつり

花まつりとは、仏教を説かれたお釈迦さまが、誕生されたことをお祝いする行事です。お釈迦さまは、約二千五百年前の四月八日、ルンビニーの花園（インドの北）で誕生されたと伝えられています。

お釈迦さまが誕生された時、甘露《かんろ》の雨が降《ふ》ったという伝説があります。そこで、花まつりには、きれいな花で飾《かざ》った花御堂《はなみどう》の中に誕生仏《たんじょうぶつ》を安置し、

誕生仏

この誕生仏に①甘茶を灌《そそ》いでお祝いするようになりました。それで花まつりのことを、灌仏会《かんぶつえ》ともいいます。

灯台のあかりが船の安全を守るように、お釈迦さまの教えは、私たちの「心のともし火」となって、私たちを正しい方向に導いてくださいます。

お釈迦さまがこの世に生まれ、仏教（真実に目覚めた者の教え）を説いてくださったからこそ、私たちは真実の教えを聞くことができるのです。

＊語句の説明

①甘茶《あまちゃ》：普通《ふつう》のお茶に砂糖などを入れて甘くするのではなく、アマチャヅルの葉で作ったお茶で、甘い味がする。

5月　宗祖降誕会

宗祖降誕会《しゅうそごうたんえ》とは、浄土真宗を開かれた親鸞聖人が、誕生されたことをお祝いする行事です。親鸞聖人は、一一七三（承安《じょうあん》三）年五月二十一日（旧暦《きゅうれき》四月一日）、京都の日野の里で誕生されたと伝えられています。また、幼い頃《ころ》の名前は松若麿《まつわかまろ》であったといわれています。

宗祖降誕会
（西本願寺）

西本願寺で行われる
祝賀能

親鸞聖人は、九歳《さい》で出家し比叡山《ひえいざん》で修行《しゅぎょう》されましたが、煩悩《ぼんのう》をなくすことができず、さとりを開くことができませんでした。そこで、二十九歳の時、比叡山を下りて法然聖人《ほうねんしょうにん》のもとへ行かれました。そして、念仏の教えに出あわれたのです。念仏の教えは、煩悩をなくすことのできない人も、すべての人が平等に救われる教えでした。

その後、親鸞聖人は、さまざまな苦労を乗《の》り越《こ》え、念仏の教えを伝えていかれました。そして、九十歳で亡《な》くなられました。

親鸞聖人が誕生されたおかげで、煩悩から離《はな》れられない愚《おろ》かな人間が救われる道、つまり、仏さまの教えに導かれながら生きる道が明らかになったのです。

降誕会は、西本願寺では毎年五月二十、二十一日に行われ、法要をはじめ様々なお祝いの催しで賑わいます。また、全国のお寺でも降誕会が行われています。

7・8月　お盆

一般的《いっぱんてき》には、お盆《ぼん》は、先祖の霊《れい》が帰ってくるので、それを慰《なぐさ》めたり、供養《くよう》したりする時だと思われているようです。しかし、浄土真宗では、そのようには説かれません。先祖は、お盆の時だけ帰ってきて、供養しないと子孫にたたるような、恐《おそ》れの対象となる方がたではありません。阿弥陀如来《あみだにょらい》さまのはたらきによって、浄土に生まれて仏さまに成り、常に私たちを見まもり導いてくださっているのです。ですから、浄土真宗では、お盆は、先祖のご恩を偲《しの》び、仏さまの教えを聞く日なのです。

お盆という呼び名は、ウランバナというインドの言葉に由来しています。ウランバナを音写して、盂蘭盆《うらぼん》。それを省略して、お盆となりました。このウランバナは、「倒懸《とうけん》」と訳され、「逆《さか》さ吊《づ》り」という意味です。逆さ吊りにされるほどの苦しみ（餓鬼道《がきどう》の苦しみ）から、救われるのがお盆なのです。

『盂蘭盆経《うらぼんきょう》』というお経に、お釈迦さまの弟子《でし》であったモッガラーナ（目連《もくれん》尊者《そんじゃ》）が、仏さまの教えを一生懸命《いっしょうけんめい》聞くことによって、餓鬼道に堕《お》ちた母を、救うことができたという物語があり、お盆の起源だといわれています。

現在、全国各地でお盆の行事が行われていますが、それらは、各地のさまざまな習俗《しゅうぞく》などが混ざり合って、できあがったものです。ですから、浄土真宗におけるお盆の意味は何なのかを見失わないようにしたいものです。

コラム　目連尊者の物語

『盂蘭盆経』というお経に、こんな話があります。

お釈迦さまの弟子に、目連尊者という方がおられました。目連尊者のお母さんは、目連尊者のことをたいへんかわいがり、おいしい食べ物が手に入ると、他の子には隠《かく》すようにして目連尊者に与《あた》えていました。目連尊者にとって、とてもやさしいお母さんでした。そんなお母さんもやがて亡くなりました。

目連尊者はお母さんのことが忘れられず、今はどうしておられるだろうと、思いをめぐらしたところ、心に浮《う》かんだのは、骨と皮に痩《や》せ衰《おとろ》えたお母さんの姿でした。それは、「むさぼりの心」の報《むく》いとして示された餓鬼道の世界の姿でした。目連尊者は何とかしてお母さんを救おうと、食べ物を捧《ささ》げました。しかし、お母さんがその食べ物を食べようとすると、それはたちまち炎《ほのお》に変わり、よけいに苦しめることになったのです。

悲しみに暮れた目連尊者は、お釈迦さまのところへ行き、「どうすれば、母は救われるのでしょうか」と尋《たず》ねました。すると、お釈迦さまは、「ちょうど八月十五日（旧暦では七月十五日）には、三カ月にわたって行われた雨期の安居《あんご》（僧侶《そうりょ》が一所に定住して、学習・修行すること）が終わり、反省会が行われる。その日に、僧侶《そうりょ》たちに精一杯《せいいっぱい》の供養をしなさい」と言われました。目連尊者は、言われた通り、多くの僧侶を精一杯もてなし、盛大に①法要を営み、一生懸命、仏さまの教えを聞きました。すると、お母さんは、たちまち苦しみから救われたのです。この法要がお盆の起源となりました。また、この時、うれしさのあまり、目連尊者が躍《おど》り上《あ》がって喜んだことから、盆踊《ぼんおど》りが始まったといわれています。

この物語が示す最も大切な点は、「母に食べ物を捧げてもかえって苦しめ、僧侶に供養して初めて救われた」ということです。僧侶に供養するというのは、なにも食べ物を捧げることだけをいうのではなく、仏さまの教えを一生懸命聞くということにつながるのです。

わが子かわいさのあまり、餓鬼道に堕ちるほどの罪を作ってしまった母。そして、母を餓鬼道に堕としたのは、まさにこの自分だったと気づいた目連尊者は、どんなに苦しかったことでしょう。目連尊者は、この母を救う道は、自分が三宝《さんぽう》（仏・法・僧）に帰依《きえ》し、正しい道を歩んでいくこと以外にないと気づくのです。そして、それこそ実は、母の救われる道でもあったのです。

*語句の説明

①法要：人が集まって読経《どきょう》したり、み教えを聞いたりする仏教の行事・儀式《ぎしき》。

9月　千鳥ヶ淵全戦没者追悼法要

「千鳥ヶ淵全戦没者追悼法要《ちどりがふちぜんせんぼつしゃついとうほうよう》」は、浄土真宗本願寺派（西本願寺）として、悲惨《ひさん》な戦争を再び繰《く》り返《かえ》してはならないという平和への決意を確認《かくにん》するため、毎年九月十八日に東京・千鳥ヶ淵戦没者墓苑《ぼえん》において、行われています。

千鳥ヶ淵戦没者墓苑は、一九五九（昭和三十四）年に建てられた国立のお墓（公園）で、戦争で亡くなられた人のご遺骨が納められています。納められているご遺骨の多くは、戦後、各地で集められたもので、このご遺骨を集める作業は、現在もなお続けられています。

この機会に、いのちの尊さ、非戦・平和の大切さを、しっかりと考えてみてほしいと思います。以下は、お釈迦さまや親鸞聖人などの言葉です。これらの言葉も参考にしてみてください。

実にこの世においては、怨《うら》みに報いるに怨みを以《もっ》てしたならば、ついに怨みの息《や》むことがない。怨みをすててこそ息む。これは永遠の真理である。

（「ダンマパダ」第5偈《げ》。中村元訳『ブッダの真理のことば　感興《かんきょう》のことば』）

すべての者は暴力におびえる。すべての（生きもの）にとって生命は愛《いと》しい。己《おの》が身にひきくらべて、殺してはならぬ。殺さしめてはならぬ。

（「ダンマパダ」第130偈。中村元訳『ブッダの真理のことば　感興のことば』）

仏が歩み行かれるところは、国も町も村も、その教えに導かれないところはない。そのため世の中は平和に治まり、太陽も月も明るく輝《かがや》き、風もほどよく吹《ふ》き、雨もよい時に降り、災害や疫病《えきびょう》などもおこらず、国は豊かになり、民衆は平穏《へいおん》に暮らし、武器をとって争うこともなくなる（①兵戈無用）。人々は徳を尊び、思いやりの心を持ち、あつく礼儀《れいぎ》を重んじ、互《たが》いに譲《ゆず》りあうのである。

（『仏説無量寿経《ぶっせつむりょうじゅきょう》』）

世のなか安穏《あんのん》なれ、仏法《ぶっぽう》ひろまれ

（『親鸞聖人御消息《ごしょうそく》』）

大事なことは、宗教が人々の対立に油を注がないことです。対立を和《やわ》らげ、怒《いか》りを収める方向に宗教が働かねばなりません。暴力を制御《せいぎょ》し、欲望をコントロールしようとするところに宗教の真価が発揮されるのではないでしょうか。宗教者は、宗教が人間に利用されることについて見《み》極《きわ》めていかねばならないでしょう。

（大谷光真著『世のなか安穏なれ』）

＊語句の説明

①兵戈無用《ひょうがむよう》：兵戈（ほこ〈長柄《ながえ》の武器〉転じて戦争）を用いることがない。

3・9月　彼岸会

彼岸会《ひがんえ》とは、迷いの世界である此《こ》の岸（此岸《しがん》）から、さとりの世界である彼《か》の岸（彼岸）へ到《いた》る道を聞かせてもらう行事で、太陽が真東から昇《のぼ》り真西に沈《しず》む、春分の日（三月）と秋分の日（九月）を中心に一週間、行われます。太陽が真西に沈むことから、さとりの世界である西方浄土《さいほうじょうど》（彼岸）に思いをよせます。そして、お墓にお参りして亡くなられた人を偲《しの》んだり、お寺にお参りしたりする中で、仏さまの教えに耳を傾《かたむ》けます。

彼岸とは、浄土のことであり、仏さまのおられるさとりの世界のことです。それに対して、私たちが住んでいる迷いの世界のことを此岸といいます。

迷いの世界である此岸から、さとりの世界である彼岸に到るための修行として、六波羅蜜《ろくはらみつ》が説かれています。

【六波羅蜜】さとりの彼岸に到るための六つの修行

1	布施《ふせ》	施しをすること
2	持戒《じかい》	戒律を守ること
3	忍辱《にんにく》	耐え忍ぶこと
4	精進《しょうじん》	努力すること
5	禅定《ぜんじょう》	精神を統一し、安定させること
6	智慧《ちえ》	真実を見る目を得ること

ただし、親鸞聖人は、煩悩をなくすことのできない私たちにとっては、念仏こそ彼岸に到る道であるといっておられます。念仏を称《とな》え、念仏の教えを聞きながら生きる人生とは、煩悩だらけの私たちが、仏さまの教えに導かれながら、浄土に向かって歩ませていただく人生なのです。

12月　成道会

成道会《じょうどうえ》とは、お釈迦さまが、さとりを開かれたことをお祝いする行事です。お釈迦さまは、出家をして六年目の三十五歳の十二月八日にインドのブッダガヤーで、さとりを開かれたと伝えられています。

苦行によって、煩悩（苦悩《くのう》の原因）はなくならないと判断されたお釈迦さまは、菩提樹《ぼだいじゅ》の木の下で深い瞑想《めいそう》に入られました。四十九日目の明け方、こころの中の悪魔《あくま》（煩悩）にうちかって、真実の智慧を得て、仏陀と成られました。仏陀とは、「さとった者」「真実に目覚めた者」という意味です。また、お釈迦さまが仏陀に成られたことを、さとりの道が完成（成就《じょうじゅ》）したということで、「成道」といいます。

お釈迦さまは真実をさとられただけでなく、その内容を説いてくださったからこそ、私たちも真実に出あうことができるのです。

仏教とは、仏陀の教え、真実に目覚めた者の教えです。お釈迦さまは仏教を自分で考えたり作ったりしたのではありません。真実をさとり、真実を言葉として説いただけなのです。

12・1月　除夜会・元日会

除夜会《じょやえ》とは、大みそか（十二月三十一日）に勤められるもので、仏さまの教えを聞き、一年を振《ふ》り返《かえ》る行事です。多くのお寺では、除夜の鐘《かね》をつきます。除夜の鐘は、一〇八回つきます。一〇八とは煩悩の数だとされ、一般的には煩悩を打《う》ち払《はら》うために、除夜の鐘をつくといわれています。しかし、浄土真宗では、除夜の鐘を通して、自らの煩悩について見つめることが大切です。除夜の鐘を聞きながら、一年をしっかりと振り返りたいものです。

年が明けて一月一日には、元旦会《がんたんえ》が行われます。元旦会とは、新年を祝うとともに、仏さまの教えを聞き、今年一年の自分の生き方を考える行事です。新年を迎《むか》えた喜びの中で、今の自分のあり方について深く見つめてみましょう。

コラム　一休さんのお正月

一休《いっきゅう》さんは、現在はとんちで有名ですが、実は室町《むろまち》時代の立派なお坊《ぼう》さん（臨済宗《りんざいしゅう》）なのです。ただ、その説法の仕方や生き方が、普通のお坊さんとは違《ちが》っていたようです。

次のような有名な話が伝わっています。

一休さんは正月に、墓場で拾った「しゃれこうべ」に竹の棒を差《さ》し込《こ》んで、それを振《ふ》り回《まわ》しながら、「この通り、この通り、ご用心、ご用心」と大声でわめきちらし、京の都を歩き回ったそうです。しかし、一休さんは、決して嫌《いや》がらせをしたのではありません。正月に、めでたいめでたいと浮かれてばかりいる人に向かって、「大切なことを忘れていないか」というメッセージを送ったのです。

一休さんの歌に次のようなものがあります。

「門松《かどまつ》は　冥土《めいど》の旅の一里塚《いちりづか》　めでたくもあり　めでたくもなし」

正月はめでたい日です。しかし、新しい年を迎えたということは、また一年、死に近づいたということでもあるのです。その意味からいえばめでたくないのかもしれません。けれども、いつ終わるかわからないこのいのちを、今年もめぐまれたということは、やはり、めでたいことなのです。

正月にあたり、今年もめぐまれたこの尊いいのちをどう生きるか、真剣《しんけん》に考えてみたいものです。

1月　御正忌報恩講

御正忌報恩講《ごしょうきほうおんこう》とは、親鸞聖人の亡くなられた日（ご命日）に、聖人のご苦労を偲《しの》び、そのご恩に報謝《ほうしゃ》する行事です。親鸞聖人は、一二六三年一月十六日（旧暦：弘長《こうちょう》二年十一月二十八日）、京都にて九十歳で亡くなられました。末娘《すえむすめ》の覚信尼《かくしんに》や数名の弟子に見まもられる中で、念仏の声とともにその生涯《しょうがい》を閉じられました。

西本願寺では、一月九日から十六日まで法要が行われます。報恩講は浄土真宗の法要の中で、最も大切な法要です。

親鸞聖人は生涯をかけて、念仏の教えを伝えてくださいました。そのご恩に報いる道は、私たちが念仏の教えを聞いて、強く明るく生きることなので

『御伝鈔』拝読

西本願寺の御正忌報恩講

す。親鸞聖人の伝えてくださったみ教えを聞いてみませんか。
次の歌を味わってみましょう。

報恩講の歌

1　和歌の浦曲《うらわ》の　片男波《かたおなみ》の　よせかけよせかけ　帰るごとく
われ世に繁《しげ》く　通いきたり　みほとけの慈悲《じひ》　つたえなまし

2　一人いてしも　喜びなば　二人と思え　二人にして
喜ぶおりは　三人なるぞ　その一人こそ　親鸞なれ

（訳）

1　和歌山の和歌の浦の片男波（次々に打ち寄せる波のこと）が次々に

打ち寄せて、海岸に帰ってくるように、私（親鸞）は、浄土からこの世にたびたび通ってきています。そして仏さまの慈悲を伝えます。

2

一人でいて喜んだならば、二人と思いなさい。二人で喜んだ時は、三人です。その一人こそ、親鸞です。

2月　涅槃会

涅槃会《ねはんえ》とは、お釈迦さまが亡くなられた日（涅槃に入られた日）に、お釈迦さまをお偲びする行事です。お釈迦さまは、八十歳の二月十五日にクシナガラ（インド）で、亡くなられたと伝えられています。弟子たちは、お釈迦さまが亡くなられた時、完全なる涅槃（さとり）に入られたと受け取ったので、お釈迦さまが亡くなられたことを「涅槃に入られた」と言います。

お釈迦さまが涅槃に入られる様子が描《えが》かれた絵を涅槃図《ねはんず》といい、多くの涅槃図が残されています。涅槃図を見ると、お釈迦さまのまわりに悲しんでいる多くの弟子たちが描かれているだけでなく、そのまわりにたくさんの動物たちが描かれています。これは、お釈迦さまが人間だけでなく、動物のいのちも等しく尊い、ということを説かれていたということを表すものだ、と言ってよいでしょう。

お釈迦さまが、自分の死後は「自らを依《よ》りどころとし、法を依りどころとせよ」と言われ、亡くなられる直前には「すべてのものは移り変わる。汝《なんじ》らは、怠《おこた》ることなく努力せよ」と言われたそのお心を、しっかりと受け止めたいものです。

釈迦涅槃図（龍谷大学図書館所蔵）

おわりに――これからを生きる皆さんへ

親鸞聖人《しんらんしょうにん》・浄土《じょうど》真宗の教えを「建学の精神」とする私立学校が、全国にありますが、西本願寺（浄土真宗本願寺派）の関係学校で組織する「龍谷《りゅうこく》総合学園」は、幼稚園から大学まで二十七学園七十校を有しています。その中で中学生は、『みのり』という教科書を使って仏教や浄土真宗の教えについて学んでいます。本書は、「龍谷総合学園」に所属しない一般の中学生以上の方に学んでいただくために、『みのり』をもとに再編集したものです。

仏教といえば「お葬式《そうしき》」をイメージしたり、「お年寄りのもの」と思い込んでおられる方も多いでしょう。しかし、今、思春期を迎《むか》え、悩《なや》みも多く、これからの人生に不安を感じておられる皆《みな》さんにこそ、仏教・浄土真宗を学んでほしいのです。

毎日の生活の中で、思い通りにならず悩み抜《ぬ》かれたのは、お釈迦《しゃか》さまや親鸞聖人も同じでした。お釈迦さまは「人生は苦なり」といい、その苦しみの原因である四苦《しく》（生老病死《しょうろうびょうし》）を解決するために、王子という何不自由のない生活を捨てて出家《しゅっけ》され、真理（仏教）を見いだされました。また親鸞聖人は「煩悩《ぼんのう》」をなくするため比叡山《ひえいざん》で二十年にわたる厳しい修行をされた結果、煩悩だらけの自分の姿に気づき、煩悩をもったまま誰《だれ》もが救われるという、浄土真宗の教えを開かれました。

皆さんが学校生活においてはもちろん、社会人として生きていく時に、本書を道しるべに、機会あるごとに、この教えを思い出してくださることを願っています。

本願寺出版社

【日本の主な仏教宗派】

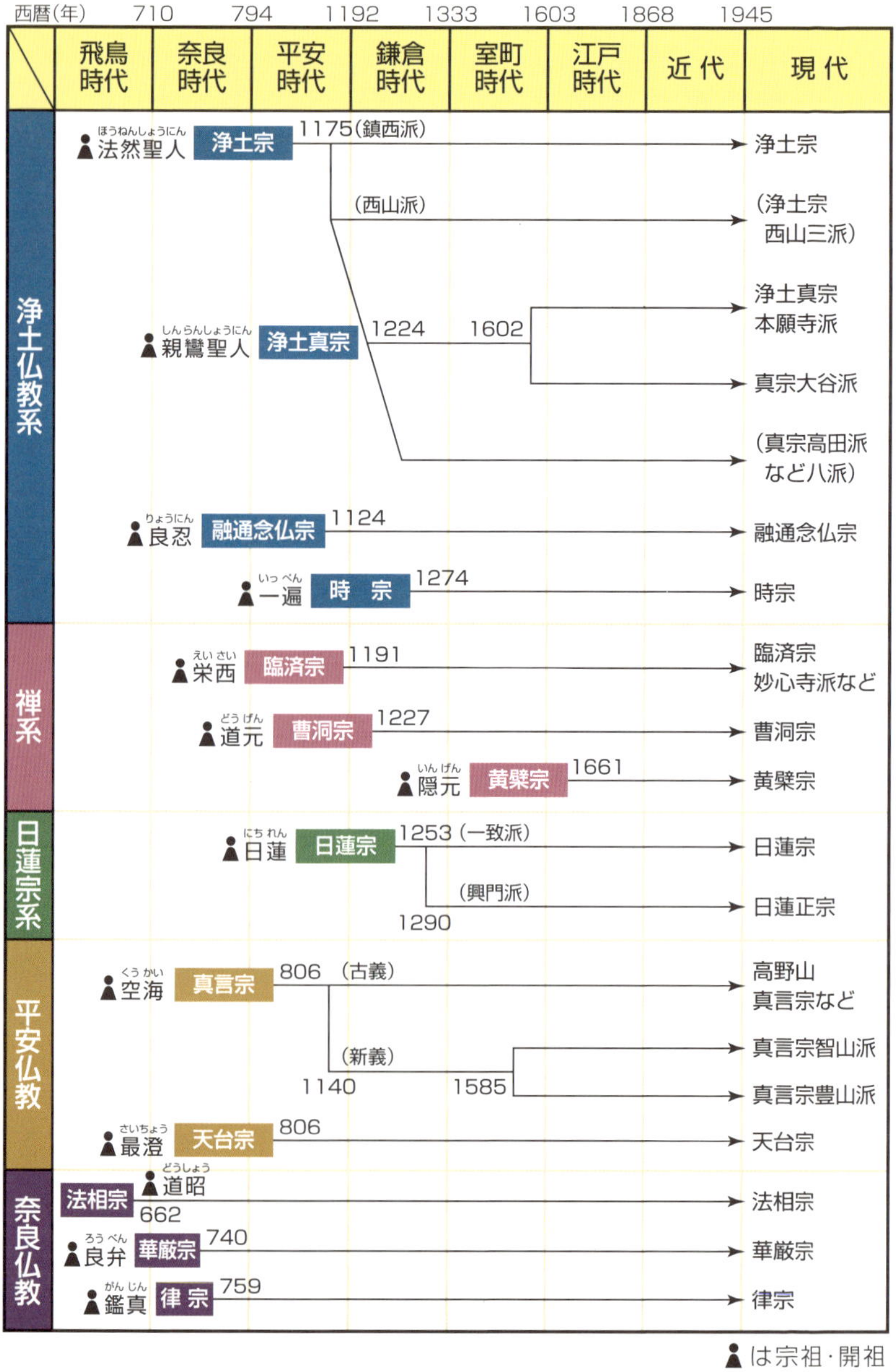
西暦(年)
710
794
1192
1333
1603
1868
1945
飛鳥時代
奈良時代
平安時代
鎌倉時代
室町時代
江戸時代
近代
現代
浄土仏教系
法然聖人《ほうねんしょうにん》
浄土宗
1175(鎮西派)
浄土宗
(西山派)
(浄土宗 西山三派)
親鸞聖人《しんらんしょうにん》
浄土真宗
1224
1602
浄土真宗本願寺派
真宗大谷派
(真宗高田派など八派)
良忍《りょうにん》
融通念仏宗
1124
融通念仏宗
一遍《いっぺん》
時宗
1274
時宗
禅系
栄西《えいさい》
臨済宗
1191
臨済宗妙心寺派など
道元《どうげん》
曹洞宗
1227
曹洞宗
隠元《いんげん》
黄檗宗
1661
黄檗宗
日蓮宗系
日蓮《にちれん》
日蓮宗
1253(一致派)
日蓮宗
(興門派)
1290
日蓮正宗
平安仏教
空海《くうかい》
真言宗
806 (古義)
高野山真言宗など
(新義)
1140
1585
真言宗智山派
真言宗豊山派
最澄《さいちょう》
天台宗
806
天台宗
奈良仏教
法相宗
道昭《どうしょう》
662
法相宗
良弁《ろうべん》
華厳宗
740
華厳宗
鑑真《がんじん》
律宗
759
律宗
は宗祖・開祖

京都のご旧跡案内図

最寄り駅のご案内

①大 谷 本 廟	京阪本線「清水五条」駅より徒歩15分
②日野誕生院	京阪六地蔵駅より京阪バス「日野誕生院前」
③山 科 別 院	地下鉄東西線「東野」駅より徒歩10分
④西 山 別 院	阪急京都線「桂」駅より徒歩5分
⑤角　　坊	地下鉄東西線「太秦天神川」駅より徒歩10分 京福嵐山線「山ノ内」駅より徒歩10分
⑥北 山 別 院	叡山電鉄叡山本線「一乗寺」駅より徒歩10分
⑦青　蓮　院	地下鉄東西線「東山」駅より徒歩10分
⑧六　角　堂	地下鉄烏丸線「四条」駅より徒歩10分

【親鸞聖人史蹟略図】

日本海
太平洋
富山湾
若狭湾
相模湾
居多浜
国府
小野浦
親不知
善光寺
(長野)
(金沢)
(富山)
(福井)
浅間山
(高崎)
佐貫
笠間
(水戸)
稲田西念寺
板敷山
筑波山
小島
(東京)
富士山
箱根
(名古屋)
尾張
(岡崎)
(京都)
鈴鹿
津
専照寺
誠照寺
証誠寺
毫摂寺
本願寺(西)
本願寺(東)
仏光寺
興正寺
錦織寺
専修寺

参考文献

『雑阿含経《ぞうあごんきょう》』
『仏教とくほん　ふじ』（絶版：本願寺出版社）
『仏教説話体系　4　ジャータカ物語(一)』（すずき出版）
『三宝絵詞《さんぼうえことば》』（現代思潮社）
『仏典童話集成』（花岡大学著、構造社）
「キサーゴータミー説話の系譜」（赤松孝章《あかまつこうしょう》、高松大学紀要34〈2000年9月〉）
『御伝鈔《ごでんしょう》』覚如上人《かくにょしょうにん》
『浅原才市翁《あさはらさいちおう》を語る』（寺本慧達《てらもとえたつ》著、今原山長円寺刊　非売品）
『浄土真宗聖典（註釈版第二版）』（本願寺出版社）
『親鸞とは何か』（講談社ｍｏｏｋ）
『本願寺グラフ』（本願寺出版社）
p167〜169
『ブッダの真理のことば　感興《かんきょう》のことば』（中村元訳、岩波文庫）
「ダンマパダ」第5偈《げ》、第130偈
『浄土三部経《じょうどさんぶきょう》：現代語版：浄土真宗聖典』（本願寺出版社）
『浄土真宗聖典（註釈版第二版）』（本願寺出版社）
『世のなか安穏なれ：現代社会と仏教』（大谷光真著、中央公論新社）

索　引

13歳からの仏教 一番わかりやすい浄土真宗入門

2013年 4月16日 初 版 第1刷発行
2013年 10月20日 第3刷発行

編 著——龍谷総合学園
発 行——本願寺出版社

ISBN978-4-89416-489-5 C0015